MON PREMIER LIVRE DE RECETTES

RICARDO

Catalogage avant publication de Bibliothèque et Archives nationales du Québec et Bibliothèque et Archives Canada

Ricardo, 1967-
Mon premier livre de recettes
Comprend un index.
ISBN 978-2-89705-448-9
1. Cuisine. 2. Livres de cuisine. I. Titre.
TX714.R52 2015   641.5   C2015-941675-2

Présidente : Caroline Jamet
Directeur de l'édition : Jean-François Bouchard
Directrice de la commercialisation : Sandrine Donkers
Responsable gestion de la production : Emmanuelle Martino
Communications : Annie-France Charbonneau
Collaborateur spécial : Éric Fourlanty

L'éditeur bénéficie du soutien de la Société de développement des entreprises culturelles du Québec (SODEC) pour son programme d'édition et pour ses activités de promotion.

L'éditeur remercie le gouvernement du Québec de l'aide financière accordée à l'édition de cet ouvrage par l'entremise du Programme de crédit d'impôt pour l'édition de livres, administré par la SODEC.

Nous reconnaissons l'aide financière du gouvernement du Canada par l'entremise du Fonds du livre du Canada (FLC).

LES ÉDITIONS **LA PRESSE**

Les Éditions La Presse
750, boulevard Saint-Laurent
Montréal (Québec)
H2Y 2Z4

Équipe Ricardo

Auteur : Ricardo
Directrice cuisine : Kareen Grondin
Directrice de création : Sonia Bluteau
Chef de la rédaction : Catherine Perreault-Lessard
Développement et standardisation des recettes :
Étienne Marquis, Lisa Birri et Danielle Bessette
Rédacteur : Matthieu Simard
Directrice de studio : Paule Milette
Directrices artistiques : Sonia Bluteau et Caroline Nault
Graphiste : Marie-Christine Cayer
Photographes : David de Stefano
sauf p. 24, 32, 34, 36, 38, 42, 45, 46, 47, 51, 64, 99, 100, 106, 109, 111, 113, 134, 137, 140, 153, 156 Christian Lacroix / p. 128, 133, 159 Sophie Carrière
Stylistes culinaires : Nataly Simard, Heidi Bronstein et Anne Gagné
Stylistes accessoires : Caroline Nault et Sylvain Riel
Illustrateurs : Jacques Laplante et Caroline Nault
Réviseures linguistiques : Christine Dumazet et Gervaise Delmas
Chargée de projet : Julie Beauchemin

Présidente et directrice éditoriale : Brigitte Coutu
Éditrice : Marie-José Desmarais
Directrice marketing : Annie Langevin

Mise en garde aux parents

Nul n'est mieux placé que vous pour savoir si votre enfant a besoin de supervision pour réaliser les recettes proposées dans ce livre. Qu'il soit adolescent ou plus jeune, l'apprenti cuisinier doit, en tout temps, être conscient des risques d'accidents qui peuvent survenir dans une cuisine : couteaux, eau bouillante, four, huile chaude, etc. C'est pourquoi nous recommandons la supervision des parents lors de la réalisation des recettes et déclinons toute responsabilité en cas d'incident.

TON LIVRE

Le livre que tu tiens entre tes mains n'est pas à moi (même si mon nom est écrit dessus!). Il n'est pas non plus à tes parents. Il est à toi. Tu as le droit d'en faire ce que tu veux. Tu peux le consulter dans le désordre. Tu peux salir les pages, tu peux prendre des notes dedans. Tu peux plier le coin de tes pages préférées. Tu peux même le laisser fermé quand tu penses que tu te souviens d'une recette par cœur.

Moi, je rêve que ce livre te donne le goût de cuisiner souvent. Tant mieux si tu y découvres des trucs et des plats nouveaux. Tant mieux si tu apprends à aimer des aliments que tu pensais détester. L'essentiel, c'est que tu aies du plaisir à cuisiner.

Je suis convaincu que ce livre est le meilleur outil pour y arriver. Je sais que tu es capable de faire toutes les recettes que j'ai choisies pour toi. Et je sais combien on est fier quand on réussit une bonne recette.

Par-dessus tout, je sais que le bonheur de cuisiner n'a pas d'âge!

Amuse-toi bien et bon appétit!

RICARDO

LE
SOMMAIRE

QUI EST { RICARDO ? }

UN CHEF, UN ANIMATEUR TÉLÉ, UN PÈRE DE 3 FILLES ET LE PLUS GRAND AMATEUR DE DESSERTS DE LA TERRE.

La personne qui m'a appris à cuisiner
Ma mère et ma grand-mère m'ont donné le goût de la cuisine, mais j'ai surtout appris par moi-même. Je suis un autodidacte.

Pourquoi je cuisine
Parce que j'adore voir le visage heureux des gens que j'aime quand je les nourris !

Un conseil pour ceux qui commencent à cuisiner
Soyez persévérants et curieux.

Ma recette préférée dans le livre
Le gâteau au chocolat sans salir un bol (p. 40). C'est un des meilleurs gâteaux au chocolat que j'ai mangés de ma vie.

Ma cuisine d'ailleurs préférée
Asiatique, parce que j'aime les mélanges de saveurs sucrées-salées.

Mon plus grand désastre culinaire
Des quenelles de brochet (un genre de boulettes de poisson). J'ai essayé de les faire pendant toute la nuit pour un tournage et je n'ai jamais réussi.

Ce que je prépare pour faire plaisir à mes filles
Du poulet général Tao.

La technique qui me donne le plus de fil à retordre
La cuisson parfaite des steaks.

La phrase que je me dis le plus souvent en cuisinant
Ne t'en fais pas si ce n'est pas parfait, tu n'es pas en train de faire une chirurgie à cœur ouvert.

Mon mets préféré
Tous les desserts ! Les gâteaux, la tarte au citron, le mille-feuille, etc.

Le plat que j'emporterais sur une île déserte
Des patates, parce que c'est polyvalent. Je pourrais faire des frites, des chips, des patates pilées...

Ce que je ne mangerais pas même si on me torturait
Du foie de veau !

Le plat qui me rappelle mon enfance
Le pâté chinois.

La recette que j'ai ratée le plus souvent
Le sucre à la crème. Il n'est jamais comme celui de ma mère.

La chose la plus bizarre que j'ai mangée
Des têtes de grosses crevettes !

COMMENT LIRE
UNE RECETTE?

SI TU ES CAPABLE DE LIRE CETTE PHRASE JUSQU'À LA FIN,
ÇA VEUT DIRE QUE TU ES CAPABLE DE LIRE UNE RECETTE.

1
Vérifie les temps de préparation et de cuisson pour savoir si tu as assez de temps pour faire la recette avant ton rendez-vous chez le dentiste / ton match de soccer / ton tournoi de Scrabble...

2
Lis la liste des ingrédients et vérifie que tu as tout ce qu'il te faut. Si ce n'est pas le cas, cours à l'épicerie le plus vite possible (ou choisis une autre recette).

3
Lis toutes les étapes de préparation pour connaître les outils dont tu auras besoin pour la recette. S'il t'en manque, cours le plus vite possible dans tous les sens en criant de panique (ou choisis une autre recette).

4
Prépare les ingrédients dans des petits bols, comme dans les émissions de télé. Comme ça, tu les auras sous la main quand viendra le temps de les intégrer à la recette.

5
Amuse-toi.

C'est le temps que ça te prendra pour mesurer, mélanger, couper... Normalement, après ce temps, tout sera prêt à cuire.

C'est ici qu'on te dit si ça se congèle.

C'est la quantité nécessaire pour chaque ingrédient. Entre parenthèses, c'est la même quantité, mais exprimée avec une autre unité de mesure. Il ne faut pas additionner les deux.

L'ordre des ingrédients correspond à leur ordre d'apparition dans la recette.

On t'indique à quelle hauteur placer la grille dans le four. C'est important. Et calcule 15 bonnes minutes avant que ton four soit chaud. Il y a souvent une lumière qui l'indique.

C'est le temps que ton plat devra passer au frigo avant d'être prêt à être mangé ou avant d'être cuit.

C'est le nombre de portions que tu devrais obtenir (comme dans cet exemple).

C'est le temps total que ça prendra pour cuire tous les ingrédients de ta recette.

Biscuits tendres aux brisures de chocolat

préparation 20 minutes / **réfrigération** 1 heure
cuisson 8 à 9 minutes par fournée / **rendement** 16 biscuits
se congèlent

375 ml	(1 ½ tasse) de farine tout usage non blanchie
2,5 ml	(½ c. à thé) de bicarbonate de soude
1	pincée de sel
180 ml	(¾ tasse) de beurre non salé, fondu
250 ml	(1 tasse) de cassonade légèrement tassée
30 ml	(2 c. à soupe) de sucre
1	œuf
1	jaune d'œuf
200 g	(7 oz) de chocolat au lait ou noir, haché grossièrement

1 Dans un bol, mélanger la farine, le bicarbonate et le sel. Réserver.

2 Dans un autre bol, crémer le beurre avec la cassonade et le sucre au batteur électrique. Ajouter l'œuf et le jaune d'œuf. Mélanger jusqu'à ce que la préparation soit homogène. Incorporer les ingrédients secs et le chocolat. Couvrir et réfrigérer 1 heure.

3 Placer la grille au centre du four. Préchauffer le four à 190 °C (375 °F). Tapisser deux plaques à biscuits de papier parchemin ou d'un tapis de silicone.

4 À l'aide d'une cuillère à crème glacée, façonner chaque biscuit avec 45 ml (3 c. à soupe) de pâte. Déposer 5 à 6 boules de pâte par plaque en les espaçant.

5 Cuire au four de 8 à 9 minutes ou jusqu'à ce que les biscuits soient légèrement dorés tout autour. Ils seront encore très mous au centre. Laisser refroidir complètement sur la plaque.

Cette virgule signifie que tu dois d'abord mesurer les ingrédients, et ensuite les couper selon ce qui est demandé (en cubes, haché...).

11

QUELS SONT LES BONS OUTILS ?

POUR ÉVITER QUE TU TE RETROUVES EN TRAIN DE FOUETTER TES ŒUFS AVEC UN PILON À PATATES OU DE FAIRE CUIRE TES BISCUITS DANS UN CAQUELON À FONDUE, VOICI UN PETIT GUIDE QUI PRÉSENTE LES PRINCIPAUX INSTRUMENTS DE TA CUISINE.

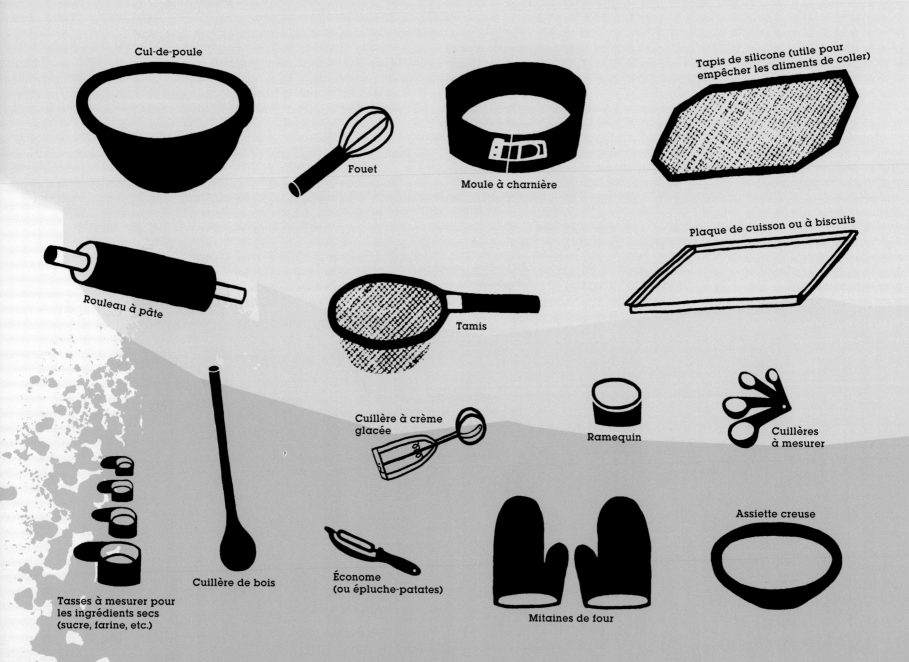

Cul-de-poule

Fouet

Moule à charnière

Tapis de silicone (utile pour empêcher les aliments de coller)

Rouleau à pâte

Tamis

Plaque de cuisson ou à biscuits

Cuillère à crème glacée

Ramequin

Cuillères à mesurer

Tasses à mesurer pour les ingrédients secs (sucre, farine, etc.)

Cuillère de bois

Économe (ou épluche-patates)

Mitaines de four

Assiette creuse

Tasse à mesurer pour les ingrédients liquides (eau, jus, bouillon, etc.)

Pinceau

Spatule

Papier parchemin

Poêle antiadhésive

Bain-marie

Mélangeur

Louche

Pilon

Passoire

Couteau d'office (ou couteau à patates)

Couteau de chef

Casseroles (grande et petite)

Robot culinaire

Batteur électrique

Plats de cuisson

Planche à découper

COMMENT TENIR UN COUTEAU ?

DANS TA MAIN ? OUI, C'EST CERTAIN. MAIS AVEC LA BONNE TECHNIQUE, C'EST ENCORE MIEUX.

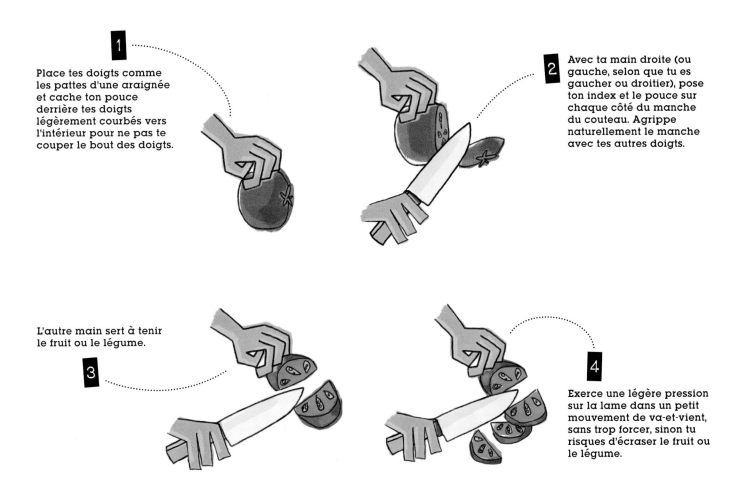

1 Place tes doigts comme les pattes d'une araignée et cache ton pouce derrière tes doigts légèrement courbés vers l'intérieur pour ne pas te couper le bout des doigts.

2 Avec ta main droite (ou gauche, selon que tu es gaucher ou droitier), pose ton index et le pouce sur chaque côté du manche du couteau. Agrippe naturellement le manche avec tes autres doigts.

3 L'autre main sert à tenir le fruit ou le légume.

4 Exerce une légère pression sur la lame dans un petit mouvement de va-et-vient, sans trop forcer, sinon tu risques d'écraser le fruit ou le légume.

COMMENT COUPER DES LÉGUMES ?

AVEC UN COUTEAU, MAIS ENCORE ? VOICI LES DIFFÉRENTES COUPES POUR T'Y RETROUVER.

HACHÉ

1 cm

DÉS

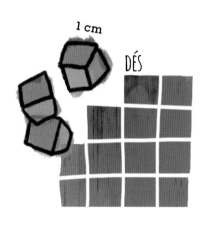

CUBES

2,5 cm

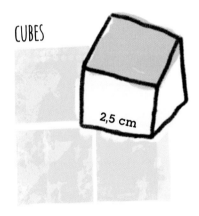

ÉMINCÉ

JULIENNE

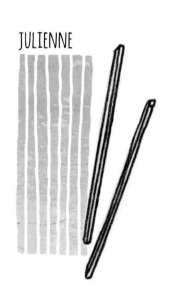

BÂTONNETS

1 cm

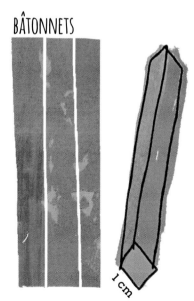

01

CHAPITRE

DU SUCRÉ
POUR COMMENCER

PUISQU'ON NE FAIT PAS LES CHOSES COMME LES AUTRES, ON COMMENCE PAR LES DESSERTS. TU NE POURRAS PAS DIRE QU'ON N'A PAS TON BIEN-ÊTRE À CŒUR... PAR CONTRE, TU ES MIEUX DE FINIR TON DESSERT, SINON T'AURAS PAS DE SOUPER.

Fondue au chocolat

Y A-T-IL PLUS GRAND BONHEUR QUE DE TREMPER UN FRUIT FRAIS DANS DU CHOCOLAT LIQUIDE ? EN FAIT, OUI : LE MANGER. C'EST PAS MAL PLUS LE *FUN* QUE DE JUSTE LE TREMPER.

préparation 15 minutes / **cuisson** 10 minutes / **portions** 4 à 6

310 ml	(1 ¼ tasse) de crème 35 %
454 g	(1 lb) de chocolat au lait ou noir, haché grossièrement (ou un mélange des deux)

1 Dans une petite casserole, porter la crème à ébullition. Bien surveiller, ça déborde vite.

2 Retirer la casserole du feu et ajouter le chocolat. Laisser fondre 2 minutes sans remuer. À l'aide d'un fouet, mélanger doucement jusqu'à ce que la texture soit lisse.

3 Verser la préparation au chocolat dans un caquelon à fondue pour maintenir au chaud ou dans des bols individuels si tu veux manger la fondue tout de suite. Y tremper des fruits frais en morceaux ou autres suggestions ci-dessous.

TROP ÉPAISSE ?

Si ta fondue a une texture trop épaisse, tu peux ajouter 60 ml (¼ tasse) de crème 35 % pour qu'elle soit plus liquide.

SUGGESTIONS POUR FONDUE

PoMMES
fraises
clémentines
BANANES
guimauves
BRETZELS
Cubes de
GÂTEAU...

Fondre pour le chocolat

POUR FAIRE FONDRE LE CHOCOLAT AU MICRO-ONDES

1. Tu dois le faire dans un bol en verre (et non en métal).

2. Ne pars pas en peur : vas-y par tranches de 20 secondes (plus que ça, il risque de brûler), jusqu'à ce que le chocolat soit juste assez fondu.

Brownies

SELON UN SONDAGE VRAIMENT PAS SCIENTIFIQUE,
LA POSSIBILITÉ D'ÉMEUTES SI ON NE METTAIT PAS
UNE RECETTE DE BROWNIES DANS CE LIVRE SERAIT
TRÈS ÉLEVÉE. ALORS, LA VOICI.

préparation 25 minutes / **cuisson** 35 minutes
refroidissement 2 heures / **rendement** 16 morceaux / **se congèlent**

150 g	(5 oz) de chocolat noir, haché grossièrement
180 ml	(¾ tasse) de beurre non salé, coupé en cubes
2	œufs
125 ml	(½ tasse) de cassonade légèrement tassée
125 ml	(½ tasse) de sucre
1 ml	(¼ c. à thé) de sel
125 ml	(½ tasse) de farine tout usage non blanchie

1 Placer la grille au centre du four. Préchauffer le four à 180 °C (350 °F). Beurrer un moule carré de 20 cm (8 po) et tapisser le fond d'une bande de papier parchemin en le laissant dépasser de deux côtés.

2 Dans un bol, au bain-marie ou au four à micro-ondes, fondre le chocolat avec le beurre (techniques p. 24 et ci-contre). Laisser tempérer sur le comptoir.

3 Dans un autre bol, mélanger les œufs avec la cassonade, le sucre et le sel à l'aide d'un fouet jusqu'à ce que le mélange soit lisse et homogène. Ajouter le mélange de chocolat puis la farine et mélanger jusqu'à ce que la préparation soit homogène.

4 Verser dans le moule. Cuire au four environ 35 minutes ou jusqu'à ce qu'un cure-dents inséré dans le centre du gâteau ressorte avec quelques grumeaux et non pas complètement propre (note ci-dessous).

5 Laisser refroidir dans le moule, soit environ 2 heures. Démouler et couper en carrés.

TOUT DOUX, LA CUISSON...

Fais attention au temps de cuisson de tes brownies. Il ne faut pas qu'ils soient suuuuper cuits. Juste encore mous au centre. (Quand tu plantes un cure-dents dedans, il doit ressortir avec quelques grumeaux, et non complètement propre.)

UN BAIN-MARIE, C'EST QUOI ?

C'est un bol placé dans une casserole, au-dessus d'une petite quantité d'eau. C'est une technique pour faire chauffer doucement certains aliments. L'eau doit juste frémir (légère agitation) et elle ne doit pas être en contact avec le fond du bol de chocolat.

Popsicles aux fruits

RHA LA LA. UNE RECETTE QUI SE PRÉPARE EN 15 MINUTES, MAIS POUR LAQUELLE TU DOIS ATTENDRE 6 HEURES AVANT DE LA MANGER…OUI, ON SAIT, ON EST CRUELS.

préparation 15 minutes / **congélation** 6 heures
portions 6 à 8, selon la grosseur des moules

500 ml	(2 tasses) de purée de fruits, au goût (note ci-dessous)
75 ml	(⅓ tasse) de sucre

1 Dans un bol, mélanger la purée de fruits et le sucre jusqu'à ce que le sucre soit dissous. Verser dans des moules à sucettes glacées.

2 Placer au congélateur pendant environ 6 heures avant de démouler. Pour faciliter le démoulage, laisser couler un peu d'eau chaude sur la base des moules.

MAIS LA PURÉE, LÀ, COMMENT ON LA FAIT ?

En passant des fruits frais ou surgelés (mais décongelés) au robot culinaire ou au mélangeur, jusqu'à ce que le résultat soit lisse. Tu peux passer le tout au tamis s'il y a des petites graines. Pour faire 500 ml (2 tasses) de purée, il te faudra environ 1 litre (4 tasses) de fruits.

NE PAS CONFONDRE

1. Le **robot culinaire**, qui est large et bas, avec une grande ouverture et une lame plate au fond.
2. Le **mélangeur**, qui est haut et étroit, avec une lame surélevée.
3. La **vadrouille**, qui n'a rien à voir avec quoi que ce soit, mais qui te sera utile si tu fais un dégât.

ROBOT CULINAIRE

MÉLANGEUR

VADROUILLE

fraises

banane et mangue

fraises et yogourt

raisins

2 tasses
de purée
+
⅓ TASSE
DE SUCRE

mangue et yogourt

raisins et mangue

PLEIN DE POSSIBILITÉS

Tu peux aussi remplacer 250 ml
(1 tasse) de purée de fruits par 250 ml
(1 tasse) de yogourt nature, pour une
texture et un goût plus crémeux.
Tu peux aussi utiliser du jus de fruits
à la place de la purée, mais si tu fais
ça, n'ajoute pas de sucre. Les *popsicles*
seront aussi plus durs.

OU

OU

Sorbet express
à la mangue

C'EST LA CANICULE DANS TA CUISINE ? PRÉPARE-TOI
LE DESSERT LE PLUS FRAIS QUI SOIT : UN SORBET À LA
MANGUE HYPER RAFRAÎCHISSANT, MÉGA BON ET PAS
PIRE SANTÉ.

préparation 15 minutes / **congélation** 2 heures / **portions** 4

1 litre	(4 tasses) de cubes de mangue surgelés et décongelés légèrement (note ci-dessous)
125 ml	(½ tasse) de sucre
15 ml	(1 c. à soupe) de jus de citron
250 ml	(1 tasse) de yogourt nature 10 % ou 2 %

1 Mesurer les ingrédients.

2 Au robot culinaire, réduire la mangue en purée avec le sucre et le jus de citron. Ajouter le yogourt et bien mélanger.

3 Verser dans un contenant, couvrir et congeler 2 heures avant de servir. Si le sorbet est trop dur, laisser tempérer 5 minutes sur le comptoir.

SI C'EST CONGELÉ, ÇA MARCHE !

Il n'y a pas de mangue dans le congélateur ? Pas grave, tu peux aussi utiliser des bananes congelées, des fraises tranchées surgelées, des bleuets surgelés... Tout ce que tu veux. Mais pas les petits pois !

Biscuits tendres aux brisures de chocolat

PARCE QU'ON A TOUS BESOIN D'UN PEU DE TENDRESSE, CES BISCUITS SAURONT BERCER TES PAPILLES JUSQU'AUX PORTES DU PARADIS. BEN QUOI ? ILS SONT VRAIMENT BONS.

préparation 20 minutes / **réfrigération** 1 heure
cuisson 8 à 9 minutes par fournée / **rendement** 16 biscuits
se congèlent

375 ml	(1 ½ tasse) de farine tout usage non blanchie
2,5 ml	(½ c. à thé) de bicarbonate de soude
1	pincée de sel
180 ml	(¾ tasse) de beurre non salé, fondu
250 ml	(1 tasse) de cassonade légèrement tassée
30 ml	(2 c. à soupe) de sucre
1	œuf
1	jaune d'œuf
200 g	(7 oz) de chocolat au lait ou noir, haché grossièrement

1 Dans un bol, mélanger la farine, le bicarbonate de soude et le sel. Réserver.

2 Dans un autre bol, crémer le beurre (définition à droite) avec la cassonade et le sucre au batteur électrique. Ajouter l'œuf et le jaune d'œuf. Mélanger jusqu'à ce que la préparation soit homogène. Incorporer les ingrédients secs et le chocolat. Couvrir et réfrigérer 1 heure.

3 Placer la grille au centre du four. Préchauffer le four à 190 °C (375 °F). Tapisser deux plaques à biscuits de papier parchemin ou d'un tapis de silicone.

4 À l'aide d'une cuillère à crème glacée, façonner chaque biscuit avec 45 ml (3 c. à soupe) de pâte. Déposer 5 à 6 boules de pâte par plaque en les espaçant.

5 Cuire au four de 8 à 9 minutes ou jusqu'à ce que les biscuits soient légèrement dorés tout autour. Ils seront encore très mous au centre. Laisser refroidir complètement sur la plaque.

CRÉMER LE BEURRE

C'est une expression utilisée en cuisine qui veut dire qu'on bat le beurre et le sucre jusqu'à ce que le mélange pâlisse et devienne onctueux.

grosseur avant cuisson

GROSSEUR APRÈS CUISSON

Wôô ÔÔÔ

Oui, on le sait, tu es pressé de faire cuire tous tes biscuits. On te comprend. Mais à moins d'avoir plusieurs fours à ta portée (chanceux!), tu dois faire cuire une seule plaque à la fois et attendre que la plaque soit refroidie avant de mettre les autres boules de pâte.

À LA CONQUÊTE DE L'ESPACE (ENTRE LES BISCUITS)!

Si tu veux être certain que tes biscuits ne deviendront pas une grande galette à la forme floue, ne mets pas plus de 6 biscuits par plaque, espace-les bien et assure-toi qu'ils ne se touchent pas.

Biscuits cuits P.33

COMMENT HACHER DU CHOCOLAT ?

Avec un marteau-piqueur, bien sûr
(mais bonne chance pour ne pas
faire de dégâts). Ou encore, avec un
couteau, en tranchant le chocolat en
fines lamelles tout en faisant attention
à tes doigts. Idéalement, tu dois couper
le bloc en diagonale. (À bien y penser,
c'est vraiment mieux avec un couteau.
Oublie le marteau-piqueur.)

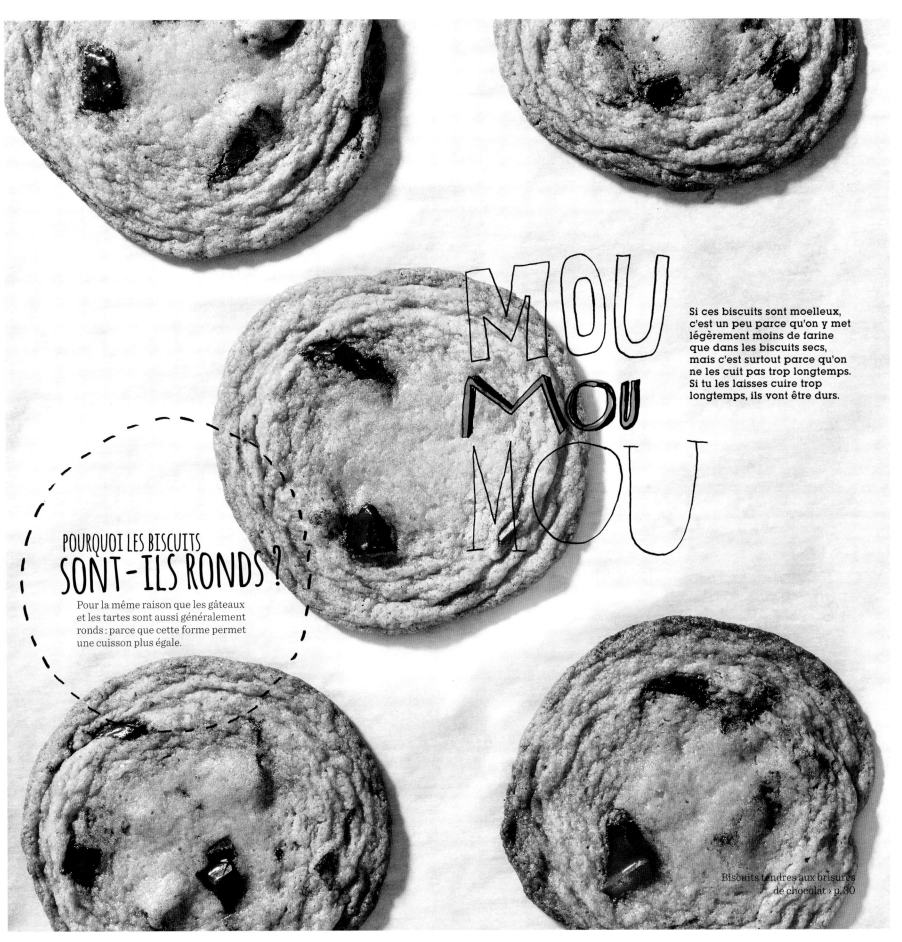

MOU MOU MOU

Si ces biscuits sont moelleux, c'est un peu parce qu'on y met légèrement moins de farine que dans les biscuits secs, mais c'est surtout parce qu'on ne les cuit pas trop longtemps. Si tu les laisses cuire trop longtemps, ils vont être durs.

POURQUOI LES BISCUITS SONT-ILS RONDS ?

Pour la même raison que les gâteaux et les tartes sont aussi généralement ronds : parce que cette forme permet une cuisson plus égale.

Biscuits tendres aux brisures de chocolat › p. 30

33

CRÉE TES BISCUITS

TU TE SENS L'ÂME D'UN DESIGNER ? NOTRE RECETTE
DE BISCUITS À LA VANILLE (P. 36) EST POUR TOI.
TU PEUX LES DÉCOUPER AVEC LES EMPORTE-PIÈCES
DE TON CHOIX, LES DÉCORER SELON TES GOÛTS ET...
EUH... LES MANGER.

QUELQUES OBJETS QUI PEUVENT
TE SERVIR D'EMPORTE-PIÈCES
OU QUE TU PEUX IMPRIMER
DANS TES BISCUITS

> **des verres**
> **des jouets**
> **des blocs Lego**
> **des petites autos**
> **des figurines**

Biscuits à la vanille

préparation 30 minutes / **réfrigération** 1 heure
cuisson 12 minutes par fournée / **rendement** 4 douzaines
se congèlent

500 ml	(2 tasses) de farine tout usage non blanchie
1 ml	(¼ c. à thé) de sel
250 ml	(1 tasse) de beurre non salé, ramolli
180 ml	(¾ tasse) de sucre
5 ml	(1 c. à thé) d'extrait de vanille
1	œuf

1 Dans un bol, mélanger la farine et le sel. Réserver.

2 Dans un autre bol, crémer le beurre avec le sucre et la vanille au batteur électrique. Ajouter l'œuf et fouetter jusqu'à ce que le mélange soit homogène. À basse vitesse ou à la cuillère de bois, incorporer les ingrédients secs. Façonner la pâte en 2 disques (boules légèrement écrasées). Envelopper de pellicule de plastique et réfrigérer 1 heure.

3 Placer la grille au centre du four. Préchauffer le four à 180 °C (350 °F). Tapisser deux plaques à biscuits de papier parchemin ou d'un tapis de silicone.

4 Sur un plan de travail légèrement fariné, abaisser un disque de pâte à la fois, à une épaisseur d'environ 5 mm (¼ po). Découper les biscuits à l'aide d'un emporte-pièce. Les répartir sur les plaques. Réutiliser les retailles pour faire d'autres biscuits.

5 Cuire au four, une plaque à la fois, environ 12 minutes ou jusqu'à ce que les biscuits soient légèrement dorés (note ci-dessous). Laisser refroidir complètement.

6 Décorer de glaçage royal (recette p. 37) si désiré. Conserver dans un contenant hermétique à température ambiante environ 3 semaines ou congeler.

FROIDE

Pour réussir les biscuits, une règle d'or : assure-toi que la pâte et la plaque sont bien froides avant de cuire les biscuits.

GARDE L'ŒIL
OUVERT !

Le temps de cuisson varie selon la grosseur des biscuits. Assure-toi de mettre les petits biscuits sur une plaque et les plus gros sur une autre puisqu'ils ne cuisent pas à la même vitesse.

Glaçage royal

Dans un bol, fouetter 1 blanc d'œuf, 375 ml (1 ½ tasse) de sucre à glacer et 2,5 ml (½ c. à thé) d'extrait de vanille au batteur électrique ou au fouet jusqu'à ce que le mélange soit homogène. Ajouter de l'eau, si le glaçage est trop épais, ou quelques gouttes de colorant si désiré.

ABAISSER LA PÂTE

Ça veut dire étendre la pâte afin de former une mince couche uniforme à l'aide d'un rouleau à pâtisserie.

37

DIVIN
AVEC DE LA CRÈME GLACÉE
… mais vraiment ordinaire si tu mets la crème glacée avant de mettre ta tasse au micro-ondes!

TU N'AS PAS DE
POMMES CORTLAND ?

Cours t'enfermer dans ta chambre et pleure pendant des heures. Ou pas. En fait, on suggère les Cortland parce que ce type de pommes cuit sans trop ramollir, mais tu peux utiliser la variété que tu veux. Le goût et la texture changeront, mais des pommes, de l'avoine et de la cassonade, ça ne peut pas vraiment être mauvais.

7500
sortes de pommes différentes dans le monde. Bonne chance pour toutes les goûter !

Croustade aux pommes au micro-ondes

QUELQUES MINUTES DE PRÉPARATION, UNE PETITE MINUTE AU MICRO-ONDES... SI C'EST PAS LA CROUSTADE LA PLUS SIMPLE AU MONDE À PRÉPARER, ON SAIT PAS CE QUE C'EST.

----

préparation 15 minutes / **cuisson** 1 à 1 ½ minute
attente 5 minutes / **portion** 1

GARNITURE

180 ml	(¾ tasse) de pomme Cortland, pelée, épépinée et coupée en dés (environ 1 pomme moyenne)
10 ml	(2 c. à thé) de cassonade

CRUMBLE

30 ml	(2 c. à soupe) de flocons d'avoine à cuisson rapide (gruau nature)
15 ml	(1 c. à soupe) de cassonade
15 ml	(1 c. à soupe) de farine tout usage non blanchie
15 ml	(1 c. à soupe) de beurre, ramolli

GARNITURE

1 Dans une tasse à café d'une contenance d'environ 250 ml (1 tasse), mélanger la pomme et la cassonade.

CRUMBLE

2 Dans un petit bol, déposer les flocons d'avoine, la cassonade et la farine. Ajouter le beurre et mélanger du bout des doigts jusqu'à ce que la texture soit grumeleuse. Déposer cette préparation sur la pomme. Cuire au four à micro-ondes de 1 à 1 ½ minute ou jusqu'à ce que le jus bouillonne.

3 Attention, c'est chaud! Laisser tiédir 5 minutes avant de servir.

3 RAISONS DE PARLER DE CETTE RECETTE À TON PROF...

1 Parce qu'elle est super à faire à l'école.
2 Parce qu'elle est super à faire à l'école.
3 Parce qu'elle est super à faire à l'école.

DU VINAIGRE DANS UN GÂTEAU ?

Eh oui ! Mais pas d'inquiétude, ton gâteau ne goûtera pas du tout le vinaigre (à moins que tu te sois trompé de quantité...). On utilise le vinaigre dans cette recette, car son acidité permet « d'activer » le bicarbonate de soude, ce qui crée les petites bulles dans le gâteau et le rend bien moelleux. D'ailleurs, la réaction chimique entre le vinaigre et le bicarbonate de soude est si puissante qu'on utilise même ce mélange pour déboucher des tuyaux !

LES DOIGTS DANS LE BEURRE

Pour beurrer ton plat de cuisson, tu peux utiliser un pinceau, un essuie-tout ou, tout simplement, tes doigts. Pour que ça fonctionne, le beurre doit être ramolli, c'est-à-dire qu'il n'est ni fondu, ni dur comme la tête de ta sœur. Juste un peu mou, comme du beurre d'arachide.

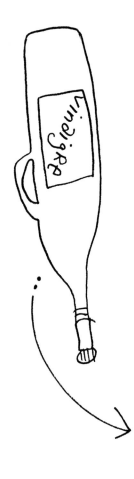

Gâteau au chocolat sans salir un bol

UN MAXIMUM DE PLAISIR SUCRÉ, UN MINIMUM DE VAISSELLE À LAVER : TU PEUX PRÉPARER CE GÂTEAU DIRECTEMENT DANS LE MOULE ET, TANT QU'À Y ÊTRE, LE MANGER DANS LE MOULE AUSSI ! NI VU NI CONNU, NEUF PORTIONS JUSTE POUR TOI...

préparation 20 minutes / **cuisson** 30 minutes / **portions** 9

375 ml	(1 ½ tasse) de farine tout usage non blanchie
180 ml	(¾ tasse) de sucre
60 ml	(¼ tasse) de cacao
5 ml	(1 c. à thé) de bicarbonate de soude
1 ml	(¼ c. à thé) de sel
75 ml	(⅓ tasse) d'huile de canola
15 ml	(1 c. à soupe) de vinaigre blanc
5 ml	(1 c. à thé) d'extrait de vanille
250 ml	(1 tasse) d'eau

1 Placer la grille au centre du four. Préchauffer le four à 180 °C (350 °F). Beurrer un plat de cuisson carré de 20 cm (8 po) (note à gauche). Dans le plat de cuisson, mélanger la farine, le sucre, le cacao, le bicarbonate de soude et le sel.

2 Creuser un gros puits et deux petits dans les ingrédients secs.

3 Verser l'huile dans le gros puits. Ajouter le vinaigre dans un des petits puits et la vanille dans le dernier puits.

4 Verser l'eau dans le plat de cuisson et mélanger à la fourchette juste assez pour humecter la farine.

5 Cuire au four environ 30 minutes ou jusqu'à ce qu'un cure-dents inséré au centre du gâteau en ressorte propre. Laisser refroidir sur une grille. Couper en carrés.

6 Accompagner le gâteau de crème glacée à la vanille, de petits fruits ou d'un coulis de fruits.

BIEN MÉLANGER

Gâteau à la vanille en salissant un bol

TOUT AUSSI BON QUE LE GÂTEAU AU CHOCOLAT DE LA PAGE PRÉCÉDENTE (MAIS PAS MAL MOINS BRUN), CE GÂTEAU EST PARFAIT POUR TOUTES LES OCCASIONS : ANNIVERSAIRE, FÊTE DE FIN D'ANNÉE, ENTRÉE AU SECONDAIRE, CHANGEMENT DES PILES DE LA TÉLÉCOMMANDE...

préparation 20 minutes / **cuisson** 55 minutes / **portions** 9

430 ml	(1 ¾ tasse) de farine tout usage non blanchie
310 ml	(1 ¼ tasse) de sucre
10 ml	(2 c. à thé) de poudre à pâte
1 ml	(¼ c. à thé) de sel
250 ml	(1 tasse) de lait
125 ml	(½ tasse) d'huile de canola
2	œufs
5 ml	(1 c. à thé) d'extrait de vanille

1 Placer la grille au centre du four. Préchauffer le four à 180 °C (350 °F). Beurrer un plat de cuisson carré de 20 cm (8 po) ou un moule rond de 20 cm (8 po) de diamètre et le tapisser d'un papier parchemin.

2 Dans un grand bol, mélanger la farine, le sucre, la poudre à pâte et le sel. Ajouter le reste des ingrédients et bien mélanger au batteur électrique, jusqu'à ce que la préparation soit homogène. Verser la pâte dans le plat de cuisson.

3 Cuire au four environ 55 minutes ou jusqu'à ce qu'un cure-dents inséré au centre du gâteau en ressorte propre. Laisser refroidir sur une grille.

4 Délicieux avec de la sauce au sucre à la crème ou au chocolat (p. 116), un glaçage à la vanille (p. 47) ou encore des fraises et de la crème fouettée.

SI TU VEUX DES *CUPCAKES* À LA VANILLE...

Pour faire des *cupcakes* à la vanille, chemise 12 moules à muffins de caissettes de papier ou de silicone. Répartis la pâte aux trois quarts dans les caissettes. Cuis-les de 20 à 22 minutes ou jusqu'à ce qu'un cure-dents inséré au centre d'un *cupcake* en ressorte propre.

DU SEL DANS UN GÂTEAU ?

Pourquoi ajoute-t-on souvent du sel dans le mélange des gâteaux ? Parce qu'il rehausse les saveurs. Avec du sel, le sucre goûte plus sucré, le chocolat goûte plus le chocolat et la vanille goûte plus la vanille.

LE PAPIER PARCHEMIN NE VIENT PAS DE L'ÉGYPTE ANCIENNE

C'est plutôt un papier antiadhésif — enduit de silicone — qui résiste à la chaleur du four et qui empêche les aliments de coller. Il existe aussi des tapis de silicone (non, ils n'ont rien à voir avec le tapis dans ton salon). Ceux-ci sont plus écologiques, puisque tu peux les réutiliser des centaines de fois. Ils s'utilisent seulement sur une plaque de cuisson et pas dans les moules.

FAMEUX LE TRUC DU CURE-DENTS

Prends un cure-dents. Plutôt que de le mettre dans ta bouche, tu peux t'en servir pour vérifier si ton gâteau est cuit. Tu n'as qu'à le plonger dans le centre : s'il en ressort propre, ton gâteau est prêt !

Cupcakes au chocolat

PAS TROP DU GENRE GROS GÂTEAU ? TU PEUX FAIRE DES *CUPCAKES*. ÇA GOÛTERA LA MÊME CHOSE, MAIS C'EST UN BON TRUC POUR METTRE PLUS DE GLAÇAGE...

préparation 15 minutes / **cuisson** 18 minutes
rendement 12 *cupcakes*

375 ml	(1 ½ tasse) de farine tout usage non blanchie
180 ml	(¾ tasse) de sucre
60 ml	(¼ tasse) de cacao, tamisé
5 ml	(1 c. à thé) de bicarbonate de soude
1 ml	(¼ c. à thé) de sel
250 ml	(1 tasse) d'eau
75 ml	(⅓ tasse) d'huile de canola
15 ml	(1 c. à soupe) de vinaigre blanc
5 ml	(1 c. à thé) d'extrait de vanille

1 Placer la grille au centre du four. Préchauffer le four à 180 °C (350 °F). Chemiser 12 moules à muffins de caissettes de papier ou de silicone.

2 Dans un bol, mélanger la farine, le sucre, le cacao, le bicarbonate de soude et le sel.

3 Verser l'eau, l'huile, le vinaigre et la vanille dans le bol et mélanger à la fourchette juste assez pour humecter la farine. Répartir dans les moules à muffins.

4 Cuire au four environ 18 minutes ou jusqu'à ce qu'un cure-dents inséré au centre d'un *cupcake* en ressorte propre (note à gauche). Laisser refroidir sur une grille.

5 Garnir les *cupcakes* de glaçage au chocolat ou à la vanille (recettes p. 47).

PETITS
GÂTEAUX

TU PRÉFÈRES LES PETITS
GÂTEAUX À LA VANILLE ?
Va voir la note p. 43.

« RELAAAAX »

Patience, patience... On sait que c'est vraiment tentant, mais ne te «garroche» pas sur ton gâteau pour le glacer dès qu'il sort du four. Attends quelques heures qu'il soit vraiment froid, sinon ton glaçage va fondre.

{ GLACE TES GÂTEAUX }

C'EST BIEN BEAU, DES GÂTEAUX, MAIS SI TU NE METS
RIEN DESSUS, C'EST UN PEU COMME TE BAIGNER DANS
UNE PISCINE À MOITIÉ VIDE : C'EST PLUTÔT SEC.
VOICI DEUX BELLES IDÉES.

Glaçage à la vanille

préparation 10 minutes / **rendement** environ 875 ml (3 ½ tasses)

375 ml	(1 ½ tasse) de beurre non salé, ramolli
5 ml	(1 c. à thé) d'extrait de vanille
1 litre	(4 tasses) de sucre à glacer
	Colorant alimentaire, au goût

1 Dans un bol, mélanger le beurre avec la vanille au batteur électrique pour le rendre crémeux.

2 À basse vitesse, ajouter le sucre à glacer graduellement et mélanger jusqu'à ce que le glaçage soit lisse et mousseux. Ajouter un peu de lait si le glaçage est trop épais.

3 Ajouter du colorant alimentaire pour donner de la couleur au glaçage, si désiré.

Glaçage au chocolat

préparation 10 minutes / **rendement** environ 875 ml (3 ½ tasses)

375 ml	(1 ½ tasse) de beurre non salé, ramolli
5 ml	(1 c. à thé) d'extrait de vanille
1 litre	(4 tasses) de sucre à glacer
125 ml	(½ tasse) de cacao tamisé

1 Dans un bol, mélanger le beurre avec la vanille au batteur électrique pour le rendre crémeux.

2 À basse vitesse, ajouter le sucre à glacer et le cacao graduellement. Mélanger jusqu'à ce que le glaçage soit lisse et mousseux. Ajouter un peu de lait si le glaçage est trop épais.

BEURRE
SALÉ OU NON SALÉ ?

Ici, assure-toi d'utiliser du beurre non salé. En fait, quand tu cuisines un dessert et qu'il faut plus de ¼ tasse de beurre, c'est important de toujours utiliser du beurre non salé. Si c'est une plus petite quantité qui est exigée, du beurre salé fera l'affaire.

Jello aux clémentines

TU T'ES TOUJOURS DEMANDÉ QUEL ÉTAIT LE SECRET DU *JELLO* ? RIEN DE MIEUX POUR LE DÉCOUVRIR QUE D'EN CUISINER TOI-MÊME !

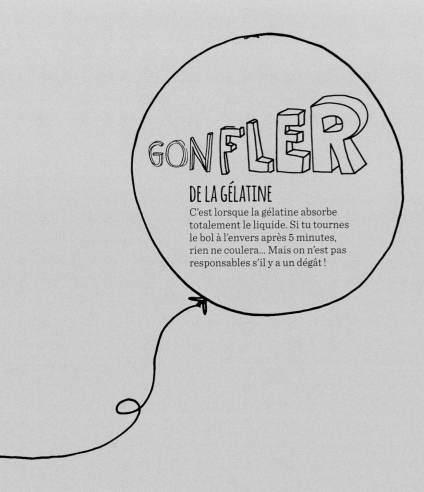

GONFLER

DE LA GÉLATINE

C'est lorsque la gélatine absorbe totalement le liquide. Si tu tournes le bol à l'envers après 5 minutes, rien ne coulera... Mais on n'est pas responsables s'il y a un dégât !

préparation 15 minutes / **attente** 5 minutes / **cuisson** 1 minute
réfrigération 4 heures / **portions** 4

500 ml	(2 tasses) de jus de clémentine (fraîchement pressé ou du commerce)
1	sachet de gélatine
60 ml	(¼ tasse) de sucre

1 Dans une tasse à mesurer ou un bol allant au four à micro-ondes, verser 60 ml (¼ tasse) de jus de clémentine. Saupoudrer la gélatine sur le jus et laisser gonfler 5 minutes.

2 Ajouter le sucre et fondre le tout au four à micro-ondes 1 minute ou jusqu'à ce que le mélange soit liquide. Attention, c'est chaud. Ajouter le reste du jus et bien mélanger.

3 Verser la préparation dans de petits verres ou de petits bols. Laisser figer au réfrigérateur 4 heures.

PAS UN FAN DE CLÉMENTINES ?

Cette recette fonctionne avec d'autres jus de fruits (jus de canneberge, raisin, mangue...). Sois créatif (ou paresseux, si tu n'as pas envie de trouver autre chose que ce qu'il y a dans le frigo).

COMMENT SÉPARER
LE BLANC DU JAUNE D'ŒUF ?

Avec une incantation de magie noire ? Non... En faisant passer le jaune d'une moitié de coquille à l'autre au-dessus d'un bol, tout en laissant le blanc s'écouler dans le bol pour garder le jaune dans la demi-coquille.

NE LE DIS À PERSONNE, MAIS...

... ce que tu fais, quand tu prépares cette recette, c'est une crème pâtissière au chocolat. C'est ce qui sert à garnir, entre autres, les choux à la crème et les éclairs au chocolat. Et, vite de même, faire une crème pâtissière, c'est pas n'importe quoi!

Pouding au chocolat

SI TU AS UNE CUILLÈRE PRÉFÉRÉE, C'EST LE TEMPS DE LA SORTIR ET DE LA PLONGER DANS CE POUDING AU CHOCOLAT QUI DISPARAÎTRA, ON EN EST SÛRS, EN QUELQUES SECONDES. (CELA DIT, SI TU AS UNE CUILLÈRE PRÉFÉRÉE, C'EST QUAND MÊME UN PEU BIZARRE...)

préparation 15 minutes / **cuisson** 10 minutes
réfrigération 3 heures / **portions** 4

375 ml	(1 ½ tasse) de lait
30 ml	(2 c. à soupe) de sucre
20 ml	(4 c. à thé) de fécule de maïs
2	jaunes d'œufs (note à gauche)
170 g	(6 oz) de chocolat au lait, haché grossièrement (310 ml / 1 ¼ tasse)
15 ml	(1 c. à soupe) de beurre

1 Dans une tasse à mesurer ou un bol allant au four à micro-ondes, chauffer le lait 1 minute. Réserver.

2 Dans une casserole moyenne, mélanger le sucre et la fécule de maïs. Ajouter les jaunes d'œufs et mélanger, sans attendre, avec un fouet jusqu'à ce qu'il n'y ait plus de grumeaux. Ajouter le lait chaud en remuant, puis le chocolat et le beurre.

3 Chauffer la préparation à feu moyen en remuant au fouet sans arrêt jusqu'à ce que la préparation commence à faire de petits bouillons. Retirer la casserole du feu immédiatement, sinon le pouding aura une texture moins lisse.

4 Verser le pouding dans quatre petits bols à dessert.

5 Couvrir avec une pellicule de plastique, directement sur la surface du pouding. Réfrigérer 3 heures pour leur permettre de raffermir.

26 JUIN

C'est la journée nationale du pouding au chocolat aux États-Unis (pour vrai !).

AVANT DE L'ENGLOUTIR…

… trouve-toi une activité qui dure trois heures (regarder l'horloge pendant trois heures, ça compte pas). C'est important de bien laisser le pouding refroidir. On est désolés.

Gâteau moelleux au chocolat dans une tasse

C'EST UN GÂTEAU AU CHOCOLAT. QUE TU FAIS CUIRE DANS UNE TASSE. ET QUI EST MOELLEUX. ÇA NE PEUT PAS VRAIMENT ÊTRE PLUS CLAIR QUE ÇA. NI MEILLEUR.

- -

préparation 5 minutes / **cuisson** 45 secondes / **attente** 5 minutes
rendement 1

45 ml	(3 c. à soupe) de farine tout usage non blanchie
20 ml	(4 c. à thé) de cassonade
10 ml	(2 c. à thé) de cacao
1 ml	(¼ c. à thé) de poudre à pâte
30 ml	(2 c. à soupe) de lait
15 ml	(1 c. à soupe) d'huile de canola
1	goutte d'extrait de vanille
10	pépites de chocolat au lait (5 ml/1 c. à thé)

1 Dans une tasse à café d'une contenance d'environ 250 ml (1 tasse), mélanger la farine, la cassonade, le cacao et la poudre à pâte. Ajouter le lait, l'huile et la vanille.

2 Avec une fourchette, brasser délicatement jusqu'à ce que la pâte n'ait plus de grumeaux. Déposer les pépites de chocolat sur le dessus.

3 Cuire le gâteau au four à micro-ondes 45 secondes. Sortir du micro-ondes. Attention, c'est chaud. Laisser tiédir 5 minutes pour permettre au gâteau de terminer sa cuisson.

- -

TU AS LA FOLLE ENVIE DE PARTAGER TON BONHEUR AVEC D'AUTRES ?

Tu n'as qu'à tripler ou quadrupler la recette et mélanger tous les ingrédients dans un bol. Tu n'auras qu'à répartir le tout dans trois ou quatre tasses. Mais attention, il faut cuire chaque gâteau l'un après l'autre dans le micro-ondes pour obtenir une cuisson uniforme.

OÙ FAIT-ON CUIRE LES DESSERTS AU FOUR ?

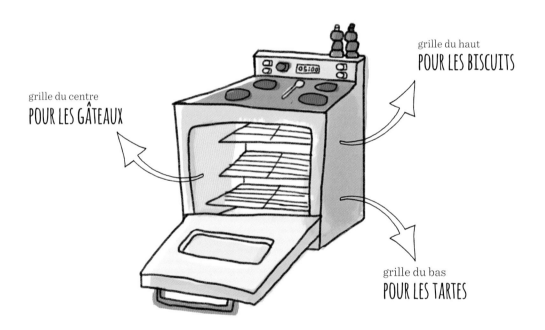

grille du centre
POUR LES GÂTEAUX

grille du haut
POUR LES BISCUITS

grille du bas
POUR LES TARTES

LES **FOURS**

NE SONT PAS TOUS PAREILS…

C'est pourquoi il faut toujours vérifier si le dessert est cuit 5 à 10 minutes avant la fin du temps de cuisson prévu, juste au cas où.

BiscuitS

POUR RAMOLLIR DU BEURRE…

… tu peux lui donner de gros coups de rouleau à pâte ou, encore mieux, le laisser sur le comptoir 45 minutes avant de cuisiner.

ATTENTION !

C'EST PAS LE TEMPS D'IMPROVISER. QUAND ON FAIT UN DESSERT, C'EST SUPER IMPORTANT DE BIEN RESPECTER LA RECETTE. (À MOINS D'AIMER LES DESSERTS RATÉS.)

IMPOR**TA**NT

Mesure bien les ingrédients. La farine doit être brassée à la fourchette avant d'être mesurée pour qu'elle ne soit pas compactée et la cassonade doit être légèrement tassée.

GÉNIAL À LA PLACE D'UNE POCHE À DOUILLE POUR METTRE LE GLAÇAGE, UTILISE UN SAC ZIPLOC© AVEC UN COIN COUPÉ.

02

CHAPITRE

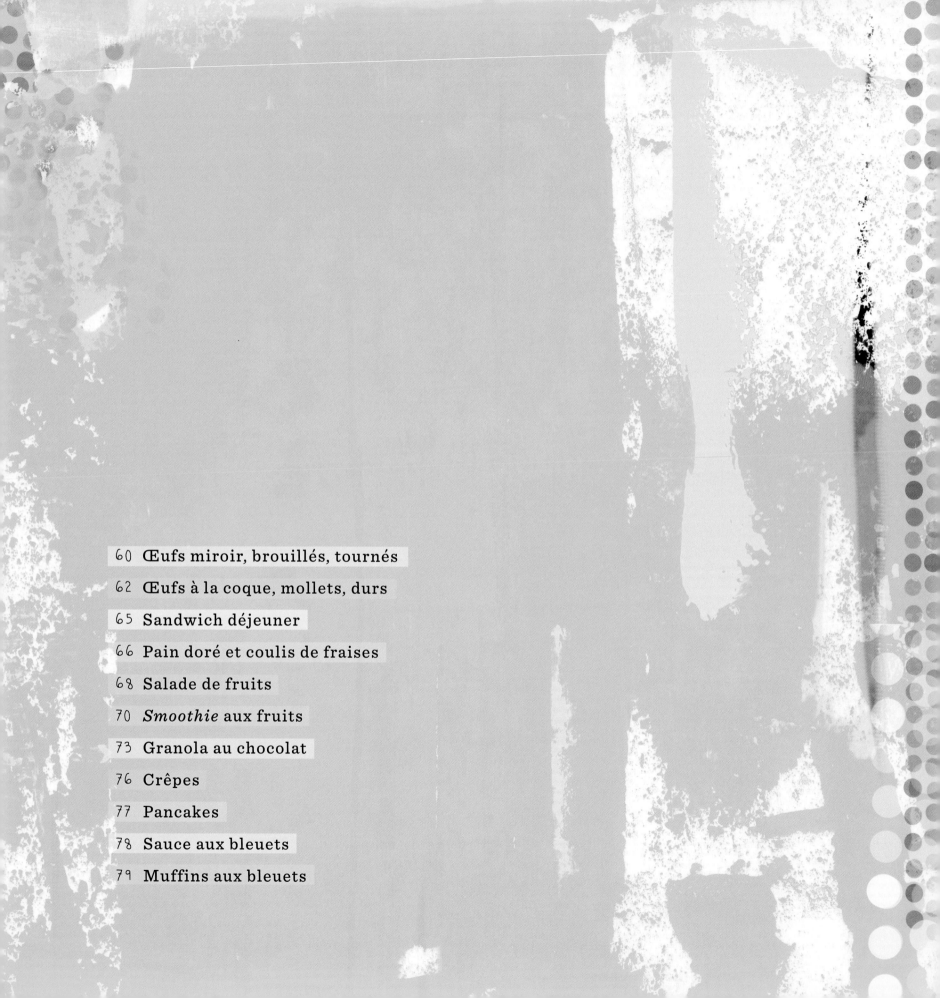

OUPS !

RECETTES EN PYJAMA

C'EST LA FIN DE SEMAINE. PAS D'ÉCOLE. PAS DE *RUSH* DU MATIN. PAS DE BOL DE CÉRÉALES AVALÉ EN DEUX SECONDES SUR LE COIN DU COMPTOIR. TU AS TOUT TON TEMPS, PROFITES-EN POUR PRÉPARER LE MEILLEUR DÉJEUNER DE L'HISTOIRE, POUR TOI... OU POUR TES PARENTS !

{ LA CUISSON DES ŒUFS }

« VA TE FAIRE CUIRE UN ŒUF ! » OK… MAIS COMMENT ?
LES PAGES QUI SUIVENT T'AIDERONT À RÉPONDRE
À LA QUESTION SANS TE CASSER LE COCO.

MIROIR

CE QUE ÇA VEUT DIRE ?

Cuit d'un seul côté, l'œuf est luisant comme un miroir, mais tu ne verras pas grand-chose si tu essaies de te regarder dedans.

COMMENT FAIRE ?

Dans une petite poêle antiadhésive à feu moyen, fondre 5 ml (1 c. à thé) de beurre et y casser 1 œuf. Cuire, d'un côté seulement, à feu doux environ 3 minutes ou jusqu'à ce que le blanc de l'œuf soit cuit. Saler et poivrer.

Lorsque tu cuisines des œufs, assure-toi d'avoir une poêle antiadhésive (souvent au fond noir), c'est-à-dire qui empêche les aliments de coller dans le fond.

BROUILLÉS

CE QUE ÇA VEUT DIRE ?

On fouètte les œufs avant de les cuire dans la poêle. C'est la technique la plus facile. Mais attention de ne pas trop cuire tes œufs, sinon ils seront secs.

COMMENT FAIRE ?

Dans un bol, fouetter 2 œufs avec 30 ml (2 c. à soupe) de lait. Saler et poivrer. Dans une petite poêle antiadhésive à feu moyen, fondre 5 ml (1 c. à thé) de beurre et y ajouter le mélange d'œufs. Cuire en remuant délicatement à l'aide d'un fouet environ 3 minutes ou jusqu'à ce que les œufs soient tout juste cuits.

TOURNÉ

CE QUE ÇA VEUT DIRE ?

L'œuf cuit d'abord d'un côté, puis on le tourne à la dernière minute pour terminer la cuisson. Ce n'est pas la technique la plus facile. Pour réussir, il te faut une grande spatule au bout mince et de la pratique. Même les chefs expérimentés crèvent parfois le jaune.

COMMENT FAIRE ?

Dans une petite poêle antiadhésive à feu moyen, fondre 5 ml (1 c. à thé) de beurre et y casser 1 œuf. Cuire environ 2 minutes ou jusqu'à ce que le blanc de l'œuf soit suffisamment cuit pour le retourner. Tourner délicatement et cuire environ 30 secondes de l'autre côté. Saler et poivrer.

CHACUN SON COCO

Quelle est la différence entre un œuf à la coque, un œuf mollet et un œuf dur ? Le temps de cuisson, tout simplement. On les cuit tous dans leur coquille, dans une petite casserole d'eau bouillante, mais pas aussi longtemps. Avec une grande cuillère, dépose ton œuf dans l'eau qui bout et mets la minuterie en marche. Aussitôt que l'œuf est cuit, rince-le sous l'eau froide pour arrêter la cuisson.

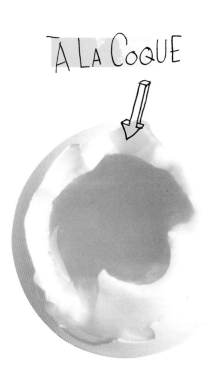

À LA COQUE

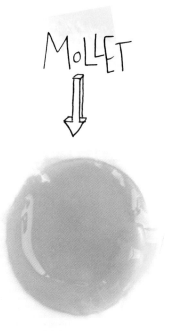

MOLLET

DUR

3 MINUTES DE CUISSON

Une fois que l'œuf est cuit, brise le dessus de la coquille en la frappant avec le dos d'une cuillère. LE JAUNE EST LIQUIDE, et tu peux y tremper des languettes de pain grillé, appelées mouillettes.

6 MINUTES DE CUISSON

Ici, LE JAUNE EST ÉPAIS, mais encore légèrement liquide. Coupe ton œuf en deux ou en plusieurs morceaux avec une fourchette, ajoute du sel et du poivre et mange-le avec un morceau de pain.

10 MINUTES DE CUISSON

LE JAUNE EST COMPLÈTEMENT CUIT; on dit donc que c'est un œuf dur. C'est ce qu'on utilise pour les sandwichs aux œufs, mais tu peux aussi le manger tel quel, avec du sel et du poivre.

PRÉPARE UN SANDWICH DÉJEUNER

PAS BESOIN D'ALLER DANS UN RESTO DE DÉJEUNER POUR MANGER UN ŒUF DANS UN MUFFIN ANGLAIS. EN VOICI LA PREUVE.

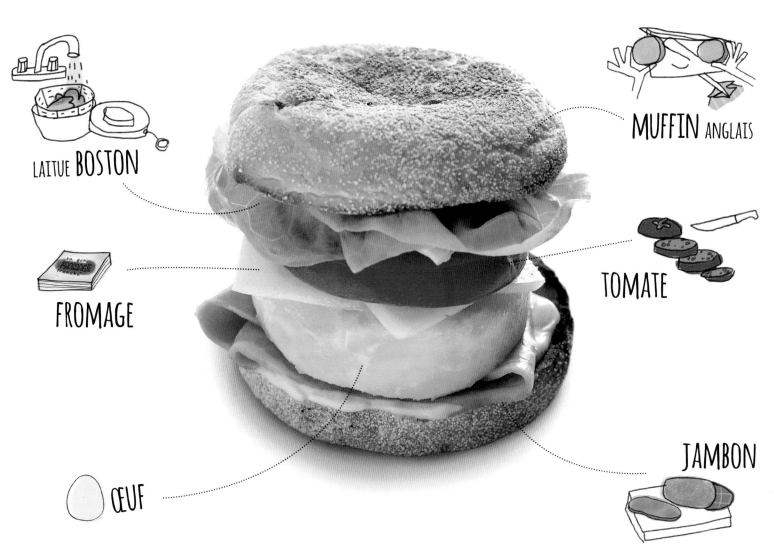

LAITUE BOSTON

MUFFIN ANGLAIS

FROMAGE

TOMATE

ŒUF

JAMBON

Sandwich déjeuner

préparation 10 minutes / **cuisson** 1 minute / **portion** 1

1	œuf
1	muffin anglais, coupé en deux à l'horizontale et grillé
	Mayonnaise, au goût
1	tranche de jambon blanc
1	tranche de fromage cheddar ou suisse
1	tranche de tomate
1	petite feuille de laitue Boston
	Sel et poivre

1 Beurrer un petit ramequin d'une contenance d'environ 125 ml (½ tasse). Y casser l'œuf (note à droite). Saler et poivrer. À l'aide d'une fourchette, fouetter pour crever le jaune (important si on ne veut pas qu'il éclate et qu'il éclabousse le four à micro-ondes).

2 Cuire au four à micro-ondes de 45 à 60 secondes selon l'intensité du four ou jusqu'à ce que le blanc soit cuit. Réserver.

3 Tartiner la base du muffin grillé de mayonnaise. Y déposer le jambon. Démouler l'œuf et le placer sur le jambon. Ajouter le fromage, la tomate et la laitue. Refermer le muffin anglais.

COMMENT CRAQUER SON coco

Pour casser un œuf, frappe-le sur une surface plane (le comptoir) plutôt que sur le rebord d'un bol. Ainsi, tu auras plus de facilité à l'ouvrir ensuite avec tes doigts. En plus, tu ne feras pas tomber de petits éclats de coquille dans ton bol.

QUE FAIRE SI J'ÉCHAPPE DES MORCEAUX DE COQUILLE ?

Pour ramasser des morceaux de coquille d'œuf tombés dans une préparation, utilise la coquille de l'œuf. Ou, encore, tes doigts, en les mouillant au préalable.

UN SUCCÈS GARANTI

Tu veux faire fondre tes parents ? Verse le coulis de fraises dans l'assiette. Une fois que le pain doré est cuit, découpe un petit cœur dans chaque tranche à l'aide d'un emporte-pièce puis dépose la tranche sur le coulis. Le petit cœur, c'est gagnant à la Saint-Valentin, mais ce l'est encore plus quand ils ne s'y attendent pas.

Pain doré et coulis de fraises

TU TE DEMANDES COMMENT FAIRE OUBLIER TA PETITE GAFFE DE LA VEILLE ? DU BON PAIN DORÉ POUR TES PARENTS, PRÉPARÉ AVEC AMOUR... MAIS TU PEUX TOUJOURS DÉCIDER D'ASSUMER TA GAFFE, ET LE MANGER TOI-MÊME !

préparation 25 minutes / **cuisson** 10 minutes / **portions** 2

COULIS DE FRAISES

500 ml	(2 tasses) de fraises fraîches ou surgelées, décongelées
60 ml	(¼ tasse) de sucre

PAIN DORÉ

250 ml	(1 tasse) de lait
60 ml	(¼ tasse) de sucre
2	œufs
2,5 ml	(½ c. à thé) d'extrait de vanille
4	tranches de pain blanc
30 ml	(2 c. à soupe) de beurre non salé

COULIS DE FRAISES

1 Au mélangeur, réduire les fraises et le sucre en purée lisse. Conserver le coulis au réfrigérateur jusqu'au moment de servir.

PAIN DORÉ

2 Dans un grand bol, à l'aide d'un fouet, mélanger le lait, le sucre, les œufs et la vanille. Réserver.

3 Tremper chaque tranche de pain, une à la fois, dans la préparation aux œufs en la laissant bien s'imbiber. Déposer les tranches sur une assiette en attendant de les cuire.

4 Dans une poêle antiadhésive à feu moyen-doux, fondre la moitié du beurre (15 ml/1 c. à soupe). Déposer deux tranches de pain à la fois dans la poêle. Cuire environ 2 minutes de chaque côté ou jusqu'à ce que ce soit bien doré. Réserver les pains dorés au chaud dans un four préchauffé à 95 °C (200 °F) sur une plaque de cuisson, le temps de cuire les autres pains.

5 Servir le pain doré avec le coulis de fraises ou du sirop d'érable et des fruits.

Perdu, crotté, pauvre... Le pain doré porte de nombreux noms. On l'appelle parfois « pain perdu », parce qu'on se servait à l'origine de vieux pain qu'on ne pouvait plus manger autrement. Les Américains le nomment « French Toast » (rôtie française), les Allemands, « Armer Ritter » (chevalier pauvre), et les Suisses, « croûte dorée ». En France, dans certaines régions, on le surnomme même même « pain crotté » !

PAIN DE MICHE OU PAIN TRANCHÉ ?

Tu peux utiliser le type de pain que tu veux, mais tu dois adapter ta préparation. Par exemple, le mélange aux œufs prend beaucoup plus de temps à bien pénétrer dans le pain croûté que dans le pain tranché. Patience... mais c'est tellement meilleur !

mûre

poire

kiwi jaune

pamplemousse rose

clémentine

cerise

mangue

CRÉE TA SALADE DE FRUITS

PAS BESOIN DE RECETTE POUR FAIRE UNE SALADE DE FRUITS. TU N'AS QU'À RASSEMBLER QUELQUES-UNS DES FRUITS DE CETTE PAGE, LES COUPER EN MORCEAUX ET LES RECOUVRIR DE NOS SUGGESTIONS DE SIROP. PARCE QU'UNE SALADE DE FRUITS SANS SIROP, C'EST COMME UN *PARTY* SANS MUSIQUE : TOUT LE MONDE EST LÀ, MAIS ÇA SE MÉLANGE PAS TROP...

pêche

banane

orange

melon d'eau

pomme

raisin rouge

kiwi

Carambole

nanas

POUR DONNER DU GOÛT À TA
SALADE DE FRUITS, TU PEUX AJOUTER :

> Le sirop d'une petite conserve de poires ou de pêches
> Un peu de miel, auquel tu ajoutes des zestes d'agrumes
  (lexique p.191)

prune

bluet

fraise

melon miel

raisin vert

PSSSSST

> Citronne la pomme, la poire et la
  banane pour les empêcher de noircir.
> Ajoute le kiwi à la dernière minute,
  parce qu'il fait ramollir les autres fruits.

framboise

cerises

banane

Fraises
BLEUETS
FRAMBOISES

Smoothie aux fruits

EN PLUS D'ÊTRE EXCELLENT POUR LA SANTÉ, LE *SMOOTHIE* EST LA BOISSON LA PLUS RAFRAÎCHISSANTE ET LA PLUS SATISFAISANTE QUI EXISTE. C'EST PROUVÉ SCIENTIFIQUEMENT (ON PENSE).

préparation 5 minutes / **portion** 1

250 ml	(1 tasse) de fruits surgelés variés, au goût (fraises, mangue, framboises, etc.), ou 1 banane
125 ml	(½ tasse) de lait
125 ml	(½ tasse) de yogourt nature
15 ml	(1 c. à soupe) de miel ou de sucre

1 Au mélangeur, réduire tous les ingrédients en purée lisse.

2 Verser le mélange dans un grand verre et servir avec une paille.

UN « VERT » DE *SMOOTHIE*, SVP !

Tu peux ajouter 4 à 5 feuilles d'épinard frais dans ton *smoothie* **pour ajouter un** *punch* **de couleur verte.**

lisse Lisse Les *smoothies* existent en Amérique du Nord depuis les années 1920, mais ils ont commencé à porter leur nom autour des années 1960, quand un commerce nommé Smoothie King a vu le jour. Ils portent ce nom simplement parce que, pour être bons, ils doivent être le plus lisses (« smooth » en anglais) et le plus homogènes possible.

BLEUETS
BANANE
ÉPINARDS

BANANE ÉPINARDS

MANGUE

Fraises

ÇA SE MANGE !

Tu veux manger ton *smoothie* au lieu de le boire ? Fais-en un *popsicle* ! Quelques heures au congélateur, dans un moule à sucettes glacées, et le tour est joué.

DANGER
RISQUE D'ALLERGIES

Granola au chocolat

LE GRANOLA, C'EST LA MEILLEURE FAÇON DE METTRE DU « CRUNCH » DANS TON YOGOURT, DANS TON VERRE DE LAIT, DANS TA SALADE DE FRUITS OU... DANS LES BOTTES DE TA PETITE SŒUR. (MAIS ON N'EST PAS RESPONSABLES SI TU TE FAIS CHICANER.)

- -

préparation 20 minutes / **cuisson** 20 minutes
rendement environ 1 litre (4 tasses)

375 ml	(1 ½ tasse) de flocons d'avoine à cuisson rapide (gruau nature)
125 ml	(½ tasse) de noisettes concassées
125 ml	(½ tasse) d'amandes tranchées
125 ml	(½ tasse) de tartinade aux noisettes (de type Nutella©)
60 ml	(¼ tasse) de beurre fondu

1 Placer la grille au centre du four. Préchauffer le four à 180 °C (350 °F). Tapisser une plaque à biscuits de papier parchemin ou d'un tapis de silicone.

2 Dans un grand bol, mélanger l'avoine, les noisettes et les amandes. À l'aide d'une spatule, ajouter la tartinade aux noisettes et le beurre. Mélanger jusqu'à ce que la préparation soit bien chocolatée. Étaler le mélange sur la plaque.

3 Cuire au four 20 minutes en remuant deux fois pendant la cuisson ou jusqu'à ce que le granola soit sec. Laisser refroidir complètement sur la plaque.

4 Conserver dans un contenant en plastique ou un pot en verre muni d'un couvercle.

5 Servir sur une salade de fruits, dans du lait ou sur du yogourt.

LES COUPES D'AMANDES

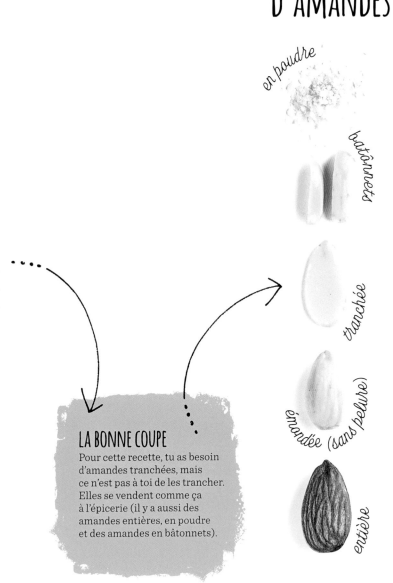

en poudre

bâtonnets

tranchée

émondée (sans pelure)

entière

LA BONNE COUPE

Pour cette recette, tu as besoin d'amandes tranchées, mais ce n'est pas à toi de les trancher. Elles se vendent comme ça à l'épicerie (il y a aussi des amandes entières, en poudre et des amandes en bâtonnets).

CRÊPES

Crêpes › p. 76

PANCAKES

S

Pancakes › p. 77

75

Crêpes

CES CRÊPES N'ONT RIEN À VOIR AVEC LES GROS PANCAKES DE LA PAGE SUIVANTE. ELLES SONT ÉLÉGANTES, DISTINGUÉES, FORMIDABLES, ET MINCES. ELLES PROVIENNENT DE LA FRANCE ET SONT, SANS LE MOINDRE DOUTE, LA PLUS BELLE DÉCOUVERTE DES DERNIERS SIÈCLES.

TROIS SECRETS INESTIMABLES POUR UNE CRÊPE FORMIDABLE

1 N'ajoute qu'une partie du lait quand tu mélanges les ingrédients secs aux œufs, puis mélange bien. Tu ajouteras le reste du lait quand ce sera lisse. Résultat : zéro grumeau.

2 Assure-toi que ta poêle est bien chaude et badigeonne-la de beurre entre chaque crêpe.

3 Utilise une grande spatule pour retourner la crêpe.

LA CRÊPE LA PLUS LAIDE…

… c'est souvent la première! C'est normal, elle te sert de test, pour savoir si la poêle est assez chaude. Alors, il se peut qu'elle craque, qu'elle soit trop mince, ou trop épaisse. Elle n'en sera pas moins délicieuse (ah! la beauté intérieure…).

préparation 10 minutes / **cuisson** 25 minutes
rendement 14 crêpes

250 ml	(1 tasse) de farine tout usage non blanchie
30 ml	(2 c. à soupe) de sucre
1	pincée de sel
2	œufs
375 ml	(1 ½ tasse) de lait
2,5 ml	(½ c. à thé) d'extrait de vanille
15 ml	(1 c. à soupe) de beurre non salé, fondu
	Beurre ramolli pour la cuisson

1 Dans un bol, mélanger la farine, le sucre et le sel. Ajouter les œufs, 125 ml (½ tasse) du lait et la vanille. Bien mélanger à l'aide d'un fouet jusqu'à ce que la pâte soit lisse et homogène. Ajouter le reste du lait (250 ml/1 tasse) graduellement en remuant. Incorporer le beurre fondu.

2 Chauffer une poêle antiadhésive d'environ 23 cm (9 po) de diamètre à feu moyen. Lorsque la poêle est chaude, la badigeonner de beurre avec un pinceau. Pour chaque crêpe, verser environ 45 ml (3 c. à soupe) de pâte au centre de la poêle. En faisant pivoter la poêle, répandre la pâte également pour recouvrir tout le fond.

3 Lorsque le rebord se décolle facilement et commence à dorer, c'est le temps de retourner la crêpe à l'aide d'une spatule. Poursuivre la cuisson environ 10 secondes, puis retirer la crêpe de la poêle.

4 Réserver les crêpes au chaud dans un four préchauffé à 95 °C (200 °F), sur une plaque de cuisson, le temps de cuire les autres crêpes ou servir au fur et à mesure de la cuisson. Délicieux avec du sirop d'érable ou de la sauce aux bleuets (recette p. 78).

DES TROUS DANS TES CRÊPES ?

Ce sont des bulles d'air qui se forment durant la cuisson. S'il y en a trop, c'est probablement parce que ta poêle est trop chaude.

Pancakes

LES PANCAKES N'ONT RIEN À VOIR AVEC LES MAIGRICHONNES PETITES CRÊPES FINES DE LA PAGE PRÉCÉDENTE. CES CRÊPES ÉPAISSES SONT MOELLEUSES ET SUBLIMES. ELLES PROVIENNENT DES ÉTATS-UNIS ET SONT, SANS CONTREDIT, LA 8ᴱ MERVEILLE DU MONDE.

- -

préparation 15 minutes / **attente** 10 minutes / **cuisson** 40 minutes
rendement 12 pancakes

500 ml	(2 tasses) de farine tout usage non blanchie
10 ml	(2 c. à thé) de poudre à pâte
2	œufs
60 ml	(¼ tasse) de sucre
5 ml	(1 c. à thé) d'extrait de vanille
430 ml	(1 ¾ tasse) de lait
	Beurre ramolli pour la cuisson

1 Dans un bol, mélanger la farine et la poudre à pâte. Réserver. Dans un grand bol, fouetter les œufs, le sucre et la vanille environ 5 minutes au batteur électrique ou jusqu'à ce que le mélange triple de volume. À basse vitesse, ajouter la moitié du lait puis incorporer les ingrédients secs. Ajouter le reste du lait et mélanger jusqu'à ce que la pâte soit homogène. Laisser reposer la pâte 10 minutes à température ambiante.

2 Chauffer une poêle antiadhésive à feu moyen-doux (note ci-contre). Lorsque la poêle est chaude, la badigeonner de beurre avec un pinceau. Pour chaque pancake, verser environ 75 ml (⅓ tasse) de pâte dans la poêle. Avec le dos d'une cuillère, étaler légèrement la pâte.

3 Cuire le pancake de 1 à 2 minutes de chaque côté. Il est prêt à être retourné, avec une grande spatule, lorsque des bulles apparaissent au centre ou que les rebords commencent à cuire. Baisser la chaleur du feu au besoin, pour donner à la pâte le temps de cuire avant qu'elle ne dore trop.

4 Réserver les pancakes au chaud dans un four préchauffé à 95 °C (200 °F), sur une plaque de cuisson, le temps de cuire les autres pancakes ou servir au fur et à mesure de la cuisson. Délicieux avec du sirop d'érable ou de la sauce aux bleuets (recette p. 78).

NE TE BRÛLE PAS POUR ÇA

Contrairement à ce qu'on pourrait penser, ce n'est pas en mettant ta main dans la poêle brûlante que tu sauras si elle est assez chaude pour recevoir ton premier pancake. Verse plutôt une goutte de pâte : si ça fait un léger « pschit » (mais sans faire de fumée), c'est que la température est parfaite.

Sauce aux bleuets

OH, BIEN SÛR, CETTE SAUCE EST SUCCULENTE SUR DES CRÊPES ET DES PANCAKES (ON NE L'AURAIT PAS MISE ICI SI CE N'ÉTAIT PAS LE CAS), MAIS PENSE AUSSI À ELLE POUR BONIFIER TA CRÈME GLACÉE, TON PAIN DORÉ, TON YOGOURT OU TES GAUFRES.

- -

préparation 5 minutes / **cuisson** 10 minutes
refroidissement 30 minutes / **rendement** environ 750 ml (3 tasses)

125 ml	(½ tasse) d'eau
60 ml	(¼ tasse) de sucre ou plus, au goût
30 ml	(2 c. à soupe) de fécule de maïs
1 litre	(4 tasses) de bleuets surgelés, décongelés (note ci-dessous)

1 Dans une casserole hors du feu, mélanger l'eau, le sucre et la fécule à l'aide d'un fouet. Ajouter les bleuets. Mettre la casserole sur le feu et chauffer à feu moyen en remuant à la cuillère de bois jusqu'à ce que la sauce frémisse. Cuire environ 1 minute.

2 Retirer la casserole du feu et laisser la sauce tiédir environ 30 minutes. Conserver au réfrigérateur et réchauffer la quantité nécessaire au four à micro-ondes au besoin.

- -

C'EST ÉPAIS

Chaque fois que tu dois mettre de la fécule de maïs dans une recette de sauce, dis-toi que c'est pour qu'elle épaississe et qu'elle soit bien onctueuse.

FAIS TON FRAIS

Tu peux également utiliser des bleuets frais. Le temps total de cuisson sera alors d'environ 20 minutes.

Muffins aux bleuets

VOILÀ LES MEILLEURS MUFFINS AUX BLEUETS
AU MONDE ! MAIS, SI TU CHANGES LES INGRÉDIENTS,
ILS POURRAIENT AUSSI DEVENIR LES MEILLEURS
MUFFINS AUX FRAMBOISES AU MONDE, LES MEILLEURS
MUFFINS AU CHOCOLAT AU MONDE, LES MEILLEURS...

préparation 30 minutes / **cuisson** 25 minutes
rendement 12 muffins

375 ml	(1 ½ tasse) de farine tout usage non blanchie
250 ml	(1 tasse) de flocons d'avoine à cuisson rapide (gruau nature)
250 ml	(1 tasse) de cassonade légèrement tassée
10 ml	(2 c. à thé) de poudre à pâte
2,5 ml	(½ c. à thé) de sel
250 ml	(1 tasse) de yogourt nature 2 %
125 ml	(½ tasse) d'huile de canola
2	œufs
30 ml	(2 c. à soupe) de miel
5 ml	(1 c. à thé) d'extrait de vanille
430 ml	(1 ¾ tasse) de bleuets frais (note ci-contre)

1 Placer la grille au centre du four. Préchauffer le four à 180 °C (350 °F). Chemiser 12 moules à muffins de caissettes en papier ou en silicone.

2 Dans un bol, mélanger la farine, l'avoine, la cassonade, la poudre à pâte et le sel. Réserver.

3 Dans un autre bol, à l'aide d'un fouet, mélanger le yogourt, l'huile, les œufs, le miel et la vanille jusqu'à ce que la préparation soit homogène. Ajouter les ingrédients secs et mélanger à la cuillère de bois ou à la spatule jusqu'à ce que la farine soit tout juste humectée. Incorporer les bleuets délicatement (note p. 81).

4 À l'aide d'une grosse cuillère à crème glacée d'une contenance d'environ 60 ml (¼ tasse), répartir la pâte dans les moules à muffins jusqu'au bord. On obtiendra des dessus de muffins bien bombés.

5 Cuire au four environ 25 minutes ou jusqu'à ce qu'un cure-dents inséré au centre d'un muffin en ressorte sans pâte collée, mais il sera bleu à cause des bleuets.

6 Laisser refroidir les muffins dans les moules, mais ils se mangent aussi encore chauds.

TU VEUX DES MUFFINS AUX PÉPITES DE CHOCOLAT ?

Pas de problème! Remplace les bleuets pas 1 tasse (200 g) de pépites. Le reste de la recette, lui, ne change pas.

BLEUETS FRAIS VS SURGELÉS

Si tu utilises des bleuets surgelés, utilise-les encore bien congelés pour qu'ils ne colorent pas trop la pâte. Les bleuets frais font de plus jolis muffins.

INGRÉDIENTS

↓ SECS + LIQUIDES

= HUMECTÉS

HUMECTER

Ce qu'on veut dire, c'est qu'il ne faut pas trop mélanger les ingrédients. Il faut juste mélanger suffisamment pour que les ingrédients secs soient un peu mouillés. S'il reste des grumeaux, c'est correct. Si tu mélanges trop, tu vas te retrouver à manger des roches.

Muffin ou Cupcake ?

QUATRE DIFFÉRENCES ENTRE LES MUFFINS ET LES *CUPCAKES*

1. On ajoute souvent de la farine de blé entier ou des céréales (avoine, son, etc.) aux muffins pour les rendre plus nutritifs.
2. Les muffins contiennent parfois des fruits, des noix ou même des légumes.
3. Les muffins n'ont pas de glaçage.
4. Il n'y a pas de recette de *cupcakes* sur cette page.

COMMENT LES PROS FONT-ILS POUR QUE TOUS LEURS MUFFINS SOIENT DE LA MÊME GROSSEUR ?

Ils prennent toujours la même quantité de pâte, en en faisant une boule avec une cuillère à crème glacée.

Muffins aux pépites de chocolat › p. 79

Muffins aux bleuets › p. 79

03

CHAPITRE

QUAND TES AMIS DÉBARQUENT

S'ACTIVER DANS LA CUISINE, C'EST CLAIREMENT PLUS LE *FUN* QUAND ON EST AVEC DES AMIS. ÇA VEUT DIRE PLUS DE BONS PLATS, PLUS DE RIRES... ET PLUS DE MONDE POUR FAIRE LA VAISSELLE !

BRUS CHET TAS

Brou CHETTÀS

BROU QUOI?

[BROUS KETTA !]

Bruschetta

DIFFICILE À PRONONCER, FACILE À PRÉPARER, LA BRUSCHETTA EST UN METS ITALIEN À BASE DE TOMATES EN DÉS QUE L'ON DÉPOSE SUR UN CROÛTON CROQUANT. ON DIT BROU-SKET-TA.

préparation 25 minutes / **cuisson** 10 minutes
rendement environ 24 bouchées

½	pain baguette, coupé en fines tranches
45 ml	(3 c. à soupe) d'huile d'olive
3	tomates, épépinées (note à droite)
1	échalote française ou ¼ d'oignon, haché finement
125 ml	(½ tasse) de basilic frais, haché finement
10 ml	(2 c. à thé) de vinaigre balsamique
1	gousse d'ail, hachée finement
	Sel et poivre

1 Placer la grille au centre du four. Préchauffer le four à 180 °C (350 °F). Tapisser une plaque de cuisson de papier parchemin.

2 Déposer les tranches de pain sur la plaque. À l'aide d'un pinceau, les badigeonner avec 30 ml (2 c. à soupe) d'huile. Cuire au four environ 10 minutes ou jusqu'à ce que les croûtons soient légèrement grillés. Laisser refroidir sur la plaque.

3 Sur une planche à découper, couper les tomates en petits dés. Déposer dans un bol. Ajouter l'échalote, le basilic, le vinaigre, l'ail et le reste de l'huile (15 ml/1 c. à soupe). Mélanger. Saler et poivrer. Déposer la garniture aux tomates sur les croûtons. Servir immédiatement.

PERSONNE N'AIME LE PAIN MOUILLÉ

Si tu veux que tes croûtons restent croustillants, attends à la dernière minute pour y déposer la garniture de tomates.

Ricotta

Avocat

Olives

Pesto mélangé à la ricotta

ÉPÉPINER

Ça veut dire enlever les pépins des tomates. Comment on fait ça ? Avec un petit couteau, on coupe les tomates en deux ou en quatre. Au-dessus d'un bol, avec les pouces, on pousse sur le jus et les graines des tomates, un morceau à la fois.

TREMPE TES LÉGUMES

TU AS L'HABITUDE DE MANGER DES LÉGUMES JUSTE POUR FAIRE
PLAISIR À TES PARENTS ? OUBLIE ÇA. AVEC CES TREMPETTES-LÀ,
TU VAS EN MANGER JUSTE PARCE QUE C'EST (VRAIMENT) BON !

Trempette orange

préparation 5 minutes / **rendement** environ 250 ml (1 tasse)

125 g	(½ bloc) de fromage à la crème, ramolli
60 ml	(¼ tasse) de mayonnaise
60 ml	(¼ tasse) de sauce chili
5 ml	(1 c. à thé) de poudre de chili
	Sel et poivre

1 Dans un petit bol, mélanger tous les ingrédients. Saler et poivrer.

2 Conserver la trempette au réfrigérateur jusqu'au moment de servir avec des crudités.

Trempette vert pâle

préparation 10 minutes / **rendement** environ 250 ml (1 tasse)

250 ml	(1 tasse) de yogourt grec nature
15 ml	(1 c. à soupe) de pesto du commerce
1	oignon vert, haché finement
	Sel et poivre

1 Dans un petit bol, mélanger tous les ingrédients. Saler et poivrer.

2 Conserver la trempette au réfrigérateur jusqu'au moment de servir avec des crudités.

COMMENT SONT FAITES LES mini-carottes ?

Contrairement à la croyance populaire, les mini-carottes qu'on achète en sacs à l'épicerie ne sont pas cultivées dans de mini-potagers par des lutins. Ce sont des carottes ordinaires qui ont été pelées et taillées en petits morceaux par des machines. Mini-déception, n'est-ce pas ?

CHAMPIGNONS

PoivRoNS

RADiS BRocoliS

FENOUIL

endives

Haricots

concombres

chou-fleurs

36% des pizzas commandées au resto sont seulement au pepperoni. C'est la variété la plus populaire.

Mini-pizzas

PARCE QU'ELLES SONT MINI, TU PEUX EN FAIRE PLEIN, AVEC UNE FOULE DE GARNITURES ET DE BASES DIFFÉRENTES. PAS *GAME* D'EN FAIRE UNE JAMBON-PÉPITES DE CHOCOLAT...

---

préparation 15 minutes / **cuisson** 10 minutes / **portions** 2 à 4

2	muffins anglais, coupés en deux à l'horizontale
125 ml	(½ tasse) de sauce tomate
8	tranches de viande froide (dinde, salami, jambon cuit)
125 ml	(½ tasse) de garnitures au choix (tomates cerises coupées en deux, olives dénoyautées et tranchées, poivrons épépinés et émincés, champignons tranchés)
125 ml	(½ tasse) de fromage mozzarella râpé

1 Placer la grille au centre du four. Préchauffer le four à 210 °C (425 °F). Tapisser une plaque de cuisson de papier parchemin.

2 Placer les muffins anglais, face coupée vers le haut, sur la plaque. Répartir la sauce tomate sur les muffins. Garnir chaque muffin de deux tranches de viande froide. Ajouter les garnitures au choix. Répartir le fromage.

3 Cuire au four de 10 à 12 minutes ou jusqu'à ce que le fromage soit fondu et légèrement doré.

AUTANT DE VARIANTES QUE D'AMIS

Tu peux remplacer ton muffin anglais par un pain naan ou une tortilla. Tu peux remplacer la viande froide par du poulet cuit ou des crevettes nordiques. Et tu peux badigeonner la base de ta pizza de pesto plutôt que de sauce tomate.

PARCE QUE TES DOIGTS SONT PLUS PRATIQUES QUAND ILS SONT ATTACHÉS À TA MAIN...
Pour couper un muffin anglais ou un bagel en deux sans te retrouver à l'urgence, enferme-le entre deux assiettes et fais glisser le couteau dans l'ouverture. Rien de plus facile !

ENCORE PLUS **D'IDÉES DE GARNITURES** POUR TES MINI-PIZZAS

93

Pepperoni

Oignon ÉMINCÉ

SAUMON FUMÉ

épinards

JAMBON

champignons tranchés

{ CRÉE TA MINI-PIZZA }

INSPIRE-TOI EN CHOISISSANT DES INGRÉDIENTS SUR CETTE PAGE. LA SEULE LIMITE : TON IMAGINATION... ET CE QU'IL Y A DANS LE FRIGO.

crevettes NORDIQUES

OLIVES noires TRANCHÉES

poivron vert ou rouge tranché finement

tomates cerises TRANCHÉES

Fromage mozzarella râpé

20 GARNITURES À PIZZA

(Trouves-en d'autres!)

FROMAGE PARMESAN (mais râpé!)

94

Poulet cuit effiloché

Oignons verts tranchés

Fromage feta émietté

prosciutto

Saucisson Chorizo tranché

FROMAGE PROVOLONE TRANCHÉ

Brocoli cuit

OLiVES vertes

5 BASES À PIZZA
....
tortilla, pita, pain naan, muffin anglais, bagel

FLIPPE TA QUESADILLA !

> **Place une grande assiette renversée sur la poêle.**

- - - - - - - - - - - - - - -

> **Mets une main sur la grande assiette et une autre sur le manche de la poêle.**

- - - - - - - - - - - - - - -

> **Retourne la poêle en tenant bien l'assiette.**

- - - - - - - - - - - - - - -

> **Glisse la quesadilla dans la poêle pour poursuivre la cuisson.**

Quesadilla au poulet

EN ESPAGNOL, LE MOT *QUESO* SIGNIFIE « FROMAGE ». C'EST POURQUOI ON APPELLE QUESADILLA CE SUCCULENT SANDWICH AU FROMAGE FONDU. UN GENRE DE *GRILLED-CHEESE* MEXICAIN.

- -

préparation 10 minutes / **cuisson** 6 minutes / **rendement** 1 quesadilla

2	grandes tortillas de 25 cm (10 po) de diamètre
180 ml	(¾ tasse) de poulet cuit effiloché (note p. 97)
180 ml	(¾ tasse) de fromage cheddar râpé
	Salsa, au goût
	Crème sure, au goût
	Guacamole, au goût (recette p. 98)

1 Sur une planche à découper, déposer une tortilla. Répartir le poulet et couvrir de fromage. Déposer la deuxième tortilla sur les ingrédients.

2 Dans une grande poêle antiadhésive non huilée à feu moyen, cuire les tortillas environ 3 minutes de chaque côté. Utiliser une grande spatule ou une assiette pour retourner la quesadilla (technique à gauche).

3 Glisser la quesadilla sur la planche à découper et la couper en pointes. Accompagner de salsa, de crème sure et de guacamole.

- -

EN VERSION VÉGÉ

Tu peux aussi faire des quesadillas avec des haricots rouges ou noirs en conserve, écrasés à la fourchette.

Dans le cas du poulet cuit, ça veut dire séparer en filaments longs et minces. Pour ça, il n'y a pas de meilleur outil que tes doigts !

La bouche en FEU

Quand tu manges un plat très piquant, tu as sans doute le réflexe de boire de l'eau. Mauvaise idée : ça accentue la sensation de brûlure. Mange plutôt un morceau de pain ou de tortilla, ou encore un produit laitier. (Ce n'est pas pour rien qu'on utilise souvent de la crème sure dans la cuisine mexicaine !)

Guacamole

C'EST UNE PURÉE À BASE D'AVOCAT. ELLE ACCOMPAGNE DES METS MEXICAINS (COMME DES NACHOS) OU D'AUTRES PLATS QUE TU AIMES. (CE N'EST PEUT-ÊTRE PAS IDÉAL AVEC DE LA CRÈME GLACÉE, PAR CONTRE !)

préparation 10 minutes / **rendement** environ 375 ml (1 ½ tasse)

3	avocats mûrs
30 ml	(2 c. à soupe) de jus de lime
1	oignon vert, haché
60 ml	(¼ tasse) de coriandre fraîche ciselée (facultatif)
	Sauce au piment fort, au goût
	Sel et poivre

1 À l'aide d'un couteau, transpercer la pelure et la chair jusqu'à ce que l'on sente quelque chose de dur : c'est le noyau. Avec le couteau, faire le tour du noyau en gardant la lame bien droite.

2 Tenir une moitié dans chaque main et tourner légèrement dans un sens et dans l'autre pour les séparer. On obtient deux moitiés.

3 Si l'avocat est très mûr, le noyau s'enlèvera facilement. Glisser une cuillère sous le noyau pour le pousser à sortir.

4 Pour retirer la chair, prendre la cuillère et la glisser entre la pelure et la chair.

5 Dans un bol, à l'aide d'une fourchette, écraser la chair de l'avocat avec le jus de lime. Cela l'empêchera de noircir. Ajouter le reste des ingrédients et bien mélanger. Saler et poivrer.

6 Servir avec des croustilles de maïs.

tellement BON AVEC NOS tacos

POUR NE PAS « MÛRIR » DE FAIM

Tu es sur le point de mourir de faim et ton avocat n'est pas mûr? Mets-le dans un sac de papier brun avec une pomme ou une banane et, grâce au gaz qui émane de ces fruits, ton avocat sera probablement mûr le lendemain. (Mais si tu meurs vraiment de faim, mange la pomme ou la banane, c'est plus prudent!)

MOU = MÛR

L'avocat est un fruit (oui, oui!) qui ne peut mûrir que lorsqu'on le détache de son arbre. Pour savoir s'il est mûr, appuie doucement avec ton pouce; s'il est légèrement mou, comme une prune mûre, c'est qu'il est prêt. S'il est dur comme une pomme, attends quelques jours.

MOU ou Rigide

Si tu vas au resto et que tu commandes des tacos, il se peut que la garniture soit dans une coquille rigide ou dans une tortilla molle. Dans les deux cas, il s'agit d'un taco.

PLUS DE JUS !

Une lime qui vient de passer 10 secondes au micro-ondes fournira deux fois plus de jus.

Tacos de poulet aux haricots noirs

ORIGINAIRES DU MEXIQUE, CES TACOS SAURONT DONNER DE LA PERSONNALITÉ À N'IMPORTE QUELLE FIESTA… ET TE DONNER DES GAZ SI TU NE RINCES PAS LES HARICOTS !

préparation 20 minutes / **cuisson** 10 minutes / **portions** 4

TACOS

500 ml	(2 tasses) de poulet cuit effiloché (note p. 97)
1	boîte de 398 ml (14 oz) de haricots noirs, rincés et égouttés
250 ml	(1 tasse) de salsa douce du commerce
8	coquilles à tacos rigides ou tortillas
250 ml	(1 tasse) de fromage mozzarella râpé
	Sel et poivre

GARNITURE

500 ml	(2 tasses) de laitue iceberg émincée
1	tomate, coupée en dés
1	avocat, pelé et coupé en dés
125 ml	(½ tasse) de crème sure
	Quartiers de lime

TACOS

1 Placer la grille au centre du four. Préchauffer le four à 180 °C (350 °F). Tapisser une plaque de cuisson de papier parchemin.

2 Dans une casserole à feu doux, réchauffer ensemble le poulet, les haricots et la salsa. Saler et poivrer.

3 Placer les coquilles sur la plaque. Répartir le fromage dans les coquilles. Cuire au four de 8 à 10 minutes ou jusqu'à ce que le fromage soit fondu.

GARNITURE

4 Déposer la laitue, la tomate, l'avocat, la crème sure et les quartiers de lime dans des bols de service individuels. Déposer les coquilles chaudes dans une assiette de service.

5 Mettre les garnitures, les coquilles et le mélange de poulet au centre de la table. Chacun garnit les tacos à son goût.

Pourquoi les haricots font-ils péter ? Parce qu'ils contiennent des sucres que notre estomac n'est pas capable de digérer. Ces sucres passent donc tout droit dans l'intestin. Là, ils sont mangés par des bactéries qui produisent une bonne quantité de gaz. Pour réduire cet effet, il suffit de rincer les haricots avant de les cuire ou de les manger.

CHACUN SON POPCORN

SUCRÉ

CHEDDAR

KETCHUP

Que tu les prépares au micro-ondes ou à la casserole, ces recettes de popcorn rempliront à merveille les gros bols à salade de tes parents, la bouche de tes amis et les « craques » de ton sofa. Et si le film que vous avez choisi, tes amis et toi, est franchement mauvais, au moins il y aura quelque chose de bon dans votre soirée !

Recettes de popcorn › p. 104

MAIS POURQUOI LE MAÏS ÉCLATE -T-IL ?

C'est à cause de l'amidon (un type de glucide) et de l'eau qu'il y a dans les grains de maïs. Quand on chauffe la coquille très dure qui les emprisonne, l'eau et l'amidon prennent de plus en plus de place à l'intérieur. À 180°C (350°F), c'en est trop: ils font éclater la coquille. L'eau disparaît alors dans l'air sous forme de vapeur, et l'amidon, lui, se solidifie en popcorn.

Popcorn nature à la casserole

préparation 2 minutes / **cuisson** 5 minutes
rendement environ 1 litre (4 tasses)

15 ml	(1 c. à soupe) d'huile de canola ou d'huile de maïs
60 ml	(¼ tasse) de grains de maïs à éclater

1 Dans une grande casserole à feu moyen-élevé, chauffer l'huile. Ajouter les grains de maïs et bien enrober d'huile. Mettre le couvercle.

2 À feu moyen, faire éclater les grains de maïs en secouant la casserole régulièrement. Le maïs est prêt quand on n'entend plus de grains éclater. Transvider dans un grand bol et ajouter l'assaisonnement choisi.

DEUX FOIS PLUS DE POPCORN !

Selon l'assaisonnement que tu choisis, tu peux doubler les ingrédients de la recette de popcorn nature.

Popcorn sucré

préparation 5 minutes / **cuisson** 8 minutes
rendement 1 litre (4 tasses)

1 litre	(4 tasses) de maïs éclaté nature
45 ml	(3 c. à soupe) de beurre salé
60 ml	(¼ tasse) de cassonade légèrement tassée

1 Placer la grille au centre du four. Préchauffer le four à 180 °C (350 °F). Tapisser une plaque de cuisson de papier parchemin ou d'un tapis de silicone.

2 Dans un grand bol, déposer le maïs éclaté. Réserver.

3 Dans une petite casserole à feu moyen, fondre le beurre et la cassonade en remuant. Verser le mélange chaud en filet sur le maïs éclaté. Bien mélanger avec une spatule pour enrober le maïs. Répartir sur la plaque.

4 Cuire au four 5 minutes. Laisser refroidir complètement sur la plaque pour permettre au sucre de sécher.

5 Le popcorn se conserve environ 1 semaine dans un contenant hermétique.

Popcorn au cheddar

préparation 15 minutes / **cuisson** 5 minutes
rendement 2 litres (8 tasses)

2 litres	(8 tasses) de maïs éclaté nature
45 ml	(3 c. à soupe) de beurre salé
1 ml	(¼ c. à thé) de poudre d'oignon
1 ml	(¼ c. à thé) de paprika
0,5 ml	(⅛ c. à thé) de curcuma moulu
60 ml	(¼ tasse) de fromage cheddar fort râpé finement (note ci-dessous)
60 ml	(¼ tasse) de fromage *parmigiano reggiano* râpé finement

1 Dans un grand bol, déposer le maïs éclaté. Réserver.

2 Dans une petite casserole à feu moyen, fondre le beurre avec la poudre d'oignon, le paprika et le curcuma.

3 Verser le mélange chaud en filet sur le maïs éclaté. Bien mélanger avec une spatule pour enrober le maïs. Ajouter les fromages et remuer de façon à les faire coller au maïs éclaté.

VOIR LE BON CÔTÉ DE LA RÂPE

Pour râper finement les fromages, utilise le côté le plus fin d'une râpe à fromage (avec les petits trous).

UN CONSEIL QUI FAIT POP

Pour faire ces recettes, tu peux utiliser du maïs à éclater nature pour micro-ondes.

Popcorn au ketchup

préparation 15 minutes / **cuisson** 10 minutes
rendement 2 litres (8 tasses)

2 litres	(8 tasses) de maïs éclaté nature
30 ml	(2 c. à soupe) de beurre salé
30 ml	(2 c. à soupe) de ketchup
15 ml	(1 c. à soupe) de sucre
15 ml	(1 c. à soupe) de paprika
5 ml	(1 c. à thé) de sel d'oignon
2,5 ml	(½ c. à thé) de sel d'ail

1 Placer la grille au centre du four. Préchauffer le four à 180 °C (350 °F). Tapisser une plaque de cuisson de papier parchemin ou d'un tapis de silicone.

2 Dans un grand bol, déposer le maïs éclaté. Réserver.

3 Dans une petite casserole à feu moyen, fondre le beurre avec le ketchup, le sucre, le paprika, le sel d'oignon et le sel d'ail. Verser le mélange chaud en filet sur le maïs éclaté. Bien mélanger avec une spatule pour enrober le maïs. Répartir sur la plaque.

4 Cuire au four environ 10 minutes ou jusqu'à ce que le maïs soit sec au toucher, en remuant à mi-cuisson.

5 Le popcorn se conserve environ 2 semaines dans un contenant hermétique.

Popcorn BBQ

préparation 5 minutes / **cuisson** 6 minutes
rendement 1 litre (4 tasses)

1 litre	(4 tasses) de maïs éclaté nature
45 ml	(3 c. à soupe) de beurre salé
5 ml	(1 c. à thé) de poudre de chili
1 ml	(¼ c. à thé) de paprika
1 ml	(¼ c. à thé) de sel d'ail
0,5 ml	(⅛ c. à thé) de poivre de Cayenne ou plus, au goût

1 Placer la grille au centre du four. Préchauffer le four à 180 °C (350 °F). Tapisser une plaque de cuisson de papier parchemin ou d'un tapis de silicone.

2 Dans un grand bol, déposer le maïs éclaté. Réserver.

3 Dans une petite casserole à feu moyen, fondre le beurre avec la poudre de chili, le paprika, le sel d'ail et le poivre de Cayenne. Verser le mélange chaud en filet sur le maïs éclaté. Bien mélanger avec une spatule pour enrober le maïs. Répartir sur la plaque.

4 Cuire au four 5 minutes. Laisser refroidir complètement sur la plaque pour un popcorn bien sec et croustillant.

5 Le popcorn se conserve environ 2 semaines dans un contenant hermétique.

AUSSITÔT MÉLANGÉ, AUSSITÔT MANGÉ

Tu n'es pas obligé de mettre ce popcorn au four. Tu peux le manger tout de suite après avoir fini de le mélanger. Le petit hic ? Il sera un petit peu moins croustillant.

SAUT EN
HAUTEUR !
Un grain de maïs qui éclate peut sauter jusqu'à un mètre dans les airs !

DES IDÉES POUR *PUNCHER* TES COCKTAILS

> Des cerises au marasquin dans un glaçon
> Des quartiers d'agrumes et autres fruits pour décorer
> Des fruits surgelés
> Du sirop de fruit
> Du sirop de grenadine
> De la crème glacée
> Du sucre et des bonbons pour décorer
> Des verres et des pailles colorés

GIVRER

Ça veut dire garnir le contour des verres. Tu peux le faire avec du sucre ou des bonbons Poppers© en frottant un quartier de citron sur le contour des verres et en les trempant dans une assiette remplie de bonbons.

Shirley Temple
aux framboises

CE COCKTAIL SANS ALCOOL A ÉTÉ CRÉÉ DANS LES ANNÉES 1930 EN L'HONNEUR DE L'ACTRICE AMÉRICAINE SHIRLEY TEMPLE, QUI ÉTAIT TROP JEUNE POUR BOIRE DE L'ALCOOL AU MOMENT OÙ ON LE LUI A OFFERT. IL METTRA DU PÉTILLANT DANS LES YEUX DE TOUS TES AMIS.

préparation 10 minutes / **portions** 4

60 ml	(¼ tasse) de confiture de framboises
60 ml	(¼ tasse) de jus de citron
	Glaçons
500 ml	(2 tasses) de boisson gazeuse froide (de type 7Up© ou Sprite©)

1 Dans un petit bol, mélanger la confiture et le jus de citron. Passer le mélange au tamis pour enlever les petites graines. On obtient un sirop de framboise.

2 Dans 4 verres, déposer quelques glaçons. Répartir le sirop de framboise, environ 30 ml (2 c. à soupe) par verre.

3 Verser délicatement 125 ml (½ tasse) de boisson gazeuse par verre. Décorer au goût avec des cerises, des pailles, etc.

QUI A MIS DES BULLES DANS MON 7UP?

Pour faire une boisson gazeuse, on refroidit d'abord la boisson et on lui injecte du gaz carbonique à partir d'une bonbonne sous pression. Le gaz se dissout dans la boisson et est donc invisible. Mais lorsqu'on ouvre la bouteille ou la canette, le gaz veut s'échapper dans l'air : il forme alors des bulles qui remontent à la surface de la boisson et la font pétiller.

Slush 3 couleurs

TROIS FOIS PLUS LE *FUN* QU'UNE *SLUSH* ORDINAIRE À UNE COULEUR, CETTE BOISSON GLACÉE EST SI BONNE QUE TU RISQUES DE FINIR LA JOURNÉE AVEC LA BOUCHE GELÉE.

- -

préparation 30 minutes / **cuisson** 4 minutes
refroidissement 20 minutes / **portions** 4

125 ml	(½ tasse) de sucre
125 ml	(½ tasse) d'eau
250 ml	(1 tasse) de mangue fraîche coupée en morceaux (environ 1 grosse mangue)
750 ml	(3 tasses) de glaçons
250 ml	(1 tasse) de fraises fraîches équeutées et coupées en morceaux
250 ml	(1 tasse) de raisins verts sans pépins

1 Dans une petite casserole, chauffer le sucre et l'eau jusqu'à ce que le sucre soit dissous. Verser le sirop dans un bol. Laisser refroidir complètement.

2 Au mélangeur, réduire en purée lisse la mangue, 30 ml (2 c. à soupe) de sirop et 250 ml (1 tasse) de glaçons. Verser dans 4 verres d'une contenance d'environ 250 ml (1 tasse) chacun. Réserver au froid.

3 Rincer le mélangeur. Répéter les mêmes étapes avec les fraises et verser sur la *slush* à la mangue.

4 Rincer le mélangeur. Répéter les mêmes étapes avec les raisins verts et verser sur la *slush* à la fraise. Servir immédiatement.

- -

À COURT DE FRUITS FRAIS ?

Tu peux faire cette recette avec des fruits surgelés. Si tu choisis cette option, ne mets pas de glaçons et ajoute environ 90 ml (6 c. à soupe) d'eau. Le résultat de la *slush* avec des fruits surgelés est plus crémeux et les couleurs sont moins éclatantes que celle faite avec des fruits frais.

MAL À LA TÊTE ?

Si tu as déjà ressenti une douleur au front après avoir bu une *slush* trop vite, c'est normal. Celle-ci est provoquée par une augmentation de la circulation sanguine dans ton cerveau quand quelque chose de très froid touche à ton palais. Pour la faire disparaître, colle ta langue sur ton palais, ça ira mieux !

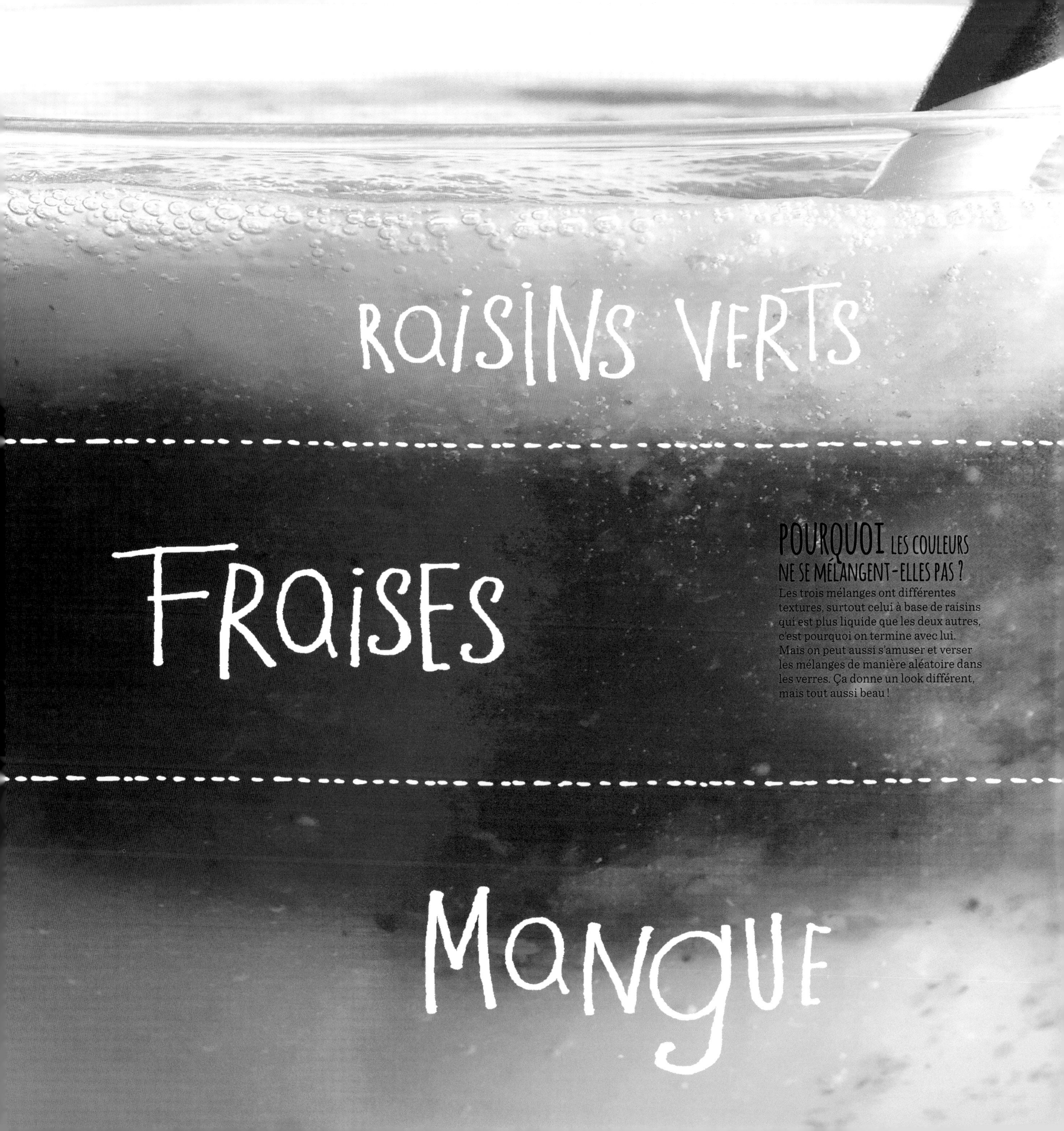

RAISINS VERTS

FRAISES

MANGUE

POURQUOI LES COULEURS
NE SE MÉLANGENT-ELLES PAS ?
Les trois mélanges ont différentes
textures, surtout celui à base de raisins
qui est plus liquide que les deux autres,
c'est pourquoi on termine avec lui.
Mais on peut aussi s'amuser et verser
les mélanges de manière aléatoire dans
les verres. Ça donne un look différent,
mais tout aussi beau !

Chocolat

Fruits SECS

BISCUIT POUR TOUS

UN SEUL BISCUIT POUR
HUIT AMIS, QUI DIT MIEUX ?

VOICI D'AUTRES
IDÉES POUR LE GARNIR
> **Des canneberges séchées**
> **Des raisins secs**
> **Des arachides concassées**

Noix

Bonbons

Biscuit géant tout garni › p. 112

111

Biscuit géant tout garni

AVEC AUTANT DE PÂTE POUR UN SEUL BISCUIT, TU PEUX CRÉER LE DESSIN QUE TU VEUX : UN ROND, UNE MAISON, UN CŒUR, LE VISAGE DE TA MÈRE (MAIS ON NE GARANTIT PAS QU'ELLE VA APPRÉCIER...).

préparation 15 minutes / **cuisson** 15 minutes / **portions** 8

250 ml	(1 tasse) de farine tout usage non blanchie
180 ml	(¾ tasse) de flocons d'avoine à cuisson rapide (gruau nature)
180 ml	(¾ tasse) de cassonade légèrement tassée
2,5 ml	(½ c. à thé) de bicarbonate de soude
1	pincée de sel
1	œuf
125 ml	(½ tasse) de beurre non salé, fondu

GARNITURE

125 ml	(½ tasse au total) d'une ou plusieurs de ces garnitures au choix: pépites de chocolat, M&M's© ou Smarties©, raisins secs, canneberges séchées, noix, pacanes ou arachides concassées

1 Placer la grille au centre du four. Préchauffer le four à 180 °C (350 °F). Tapisser une plaque à biscuits de papier parchemin ou d'un tapis de silicone.

2 Dans un grand bol, mélanger la farine, les flocons d'avoine, la cassonade, le bicarbonate de soude et le sel. Ajouter l'œuf et le beurre. Mélanger à la cuillère de bois jusqu'à ce que la pâte soit homogène.

3 Verser la pâte au centre de la plaque. Avec les mains, façonner la pâte pour former un grand biscuit de 23 cm (9 po) de diamètre. Attention de bien étaler la pâte à la même épaisseur. Répartir les garnitures en formant des pointes, sur la surface du biscuit, comme sur la photo p. 111.

4 Cuire au four environ 15 minutes ou jusqu'à ce que le contour du biscuit soit doré.

5 Laisser refroidir complètement le biscuit et couper en pointes.

TU NE VEUX PAS PARTAGER TON GROS BISCUIT ?

Tu peux faire plusieurs petits biscuits. Façonne des boules d'environ 30 ml (2 c. à soupe), puis déposes-en environ 8 sur une plaque. Aplatis-les et cuis-les au four environ 10 minutes, une plaque à la fois.

Méli-mélo sucré-salé

VOICI UNE RECETTE POUR TE MUSCLER LES BRAS. BRASSER PENDANT 2 MINUTES TE FATIGUE ? FAIS UN CONCOURS DE CELUI QUI MÉLANGE LE PLUS FORT AVEC TES AMIS. ÇA TE MOTIVERA !

préparation 5 minutes / **cuisson** 2 minutes
attente 30 minutes / **rendement** 500 ml (2 tasses)

30 g	(1 oz) de chocolat blanc, haché
10 ml	(2 c. à thé) de beurre d'arachide
2	sacs à lunch neufs en papier brun insérés l'un dans l'autre ou 1 contenant hermétique
125 ml	(½ tasse) de céréales de blé carrées (de type Shreddies©)
125 ml	(½ tasse) de noix variées (pacanes, amandes, arachides...)
60 ml	(¼ tasse) de bretzels en bâtonnets (environ 15 à 20 bâtonnets)
60 ml	(¼ tasse) de fruits séchés variés (raisins, canneberges, cerises...)
30 ml	(2 c. à soupe) de sucre à glacer

1 Dans un petit bol, fondre le chocolat et le beurre d'arachide au four à micro-ondes environ 30 secondes. Bien mélanger. Laisser tempérer 5 minutes.

2 Dans le sac à lunch doublé ou le contenant hermétique, mélanger les céréales, les noix, les bretzels et les fruits séchés. Verser la préparation de chocolat en un filet sur le méli-mélo. Saupoudrer du sucre à glacer. Refermer le sac ou le contenant et brasser vigoureusement environ 2 minutes.

3 Laisser le chocolat figer 30 minutes à la température ambiante ou environ 15 minutes au réfrigérateur.

Compote d'ananas

Sauce au chocolat

Coulis de framboises

Sauce au sucre à la crème

UN BAR À SUNDAES

IMPRESSIONNE TES AMIS EN FAISANT COMME DANS UN BAR LAITIER. PRÉPARE DES BOULES DE CRÈME GLACÉE ET PROPOSE-LEUR DE LES GARNIR EN DÉPOSANT UNE FOULE DE GARNITURES SUR LA TABLE. EN PLUS DE CELLES P. 116, TU PEUX AUSSI LEUR SERVIR :

> **DE LA COMPOTE D'ANANAS**
Vide une conserve d'ananas en morceaux dans le mélangeur et réduis en purée pas tout à fait lisse.

> **DU SUCRE D'ÉRABLE ET NOIX**
Saupoudre de sucre d'érable et ajoute des noix grillées (note ci-dessous) ou non.

> **DES BRETZELS EN MORCEAUX**
Le mélange sucré-salé est souvent très populaire.

- -

GRILLER DES NOIX, C'EST SIMPLE !

Répartis les noix sur une assiette. Mets-les au four à micro-ondes 2 minutes. Remue. Attention, c'est chaud ! Cuis plus longtemps au besoin, jusqu'à ce que tu sentes l'arôme de la noix grillée.

ENCORE PLUS D'IDÉES
DE GARNITURES

Sauce au chocolat

préparation 15 minutes / **cuisson** 10 minutes
rendement 500 ml (2 tasses)

125 ml	(½ tasse) de lait
125 ml	(½ tasse) de crème 35 %
60 ml	(¼ tasse) de sucre
225 g	(8 oz) de chocolat noir, haché
30 ml	(2 c. à soupe) de beurre, coupé en cubes

1 Dans une casserole, chauffer le lait, la crème et le sucre jusqu'à ce que le sucre soit dissous.

2 Retirer du feu. Ajouter le chocolat et remuer jusqu'à ce qu'il soit fondu. Incorporer le beurre et bien mélanger.

3 Servir tiède ou réfrigérer et réchauffer au moment de servir.

Coulis de framboises

préparation 5 minutes / **rendement** environ 250 ml (1 tasse)

375 ml	(1 ½ tasse) de framboises fraîches ou surgelées et décongelées
30 ml	(2 c. à soupe) de sucre

1 Au mélangeur, réduire les framboises et le sucre en purée lisse. Passer au tamis si désiré.

Sauce au sucre à la crème au micro-ondes

préparation 2 minutes / **cuisson** 7 minutes
rendement environ 500 ml (2 tasses)

500 ml	(2 tasses) de cassonade bien tassée
250 ml	(1 tasse) de crème 35 %

1 Dans un grand bol ou dans une grande tasse à mesurer allant au four à micro-ondes, mélanger la cassonade et la crème avec une fourchette.

2 Cuire la sauce 3 minutes (note ci-dessous). Remuer et poursuivre la cuisson 4 minutes. Attention, c'est chaud ! Laisser tiédir environ 15 minutes.

3 Servir sur des fruits au choix (bananes ou pommes tranchées, fraises, ananas, etc.), un gâteau blanc ou de la crème glacée.

- -

UNE QUESTION DE MICRO-ONDES
Le temps de cuisson peut varier selon le four à micro-ondes utilisé.

Crème chantilly

préparation 5 minutes / **rendement** 750 ml (3 tasses)

375 ml	(1 ½ tasse) de crème 35 % à fouetter (note ci-dessous)
60 ml	(¼ tasse) de sucre à glacer
1 ml	(¼ c. à thé) d'extrait de vanille

1 Dans un bol, fouetter la crème avec le sucre et la vanille au batteur électrique jusqu'à ce qu'elle forme des pics fermes.

2 Réfrigérer jusqu'au moment de servir.

- -

ATTENDS, ATTENDS...
Prépare la crème chantilly au dernier moment, car elle peut se séparer et elle prend vite les odeurs de frigo. Utilise de la crème 35 % à fouetter, pas « à cuisson », ni « épaisse ».

PSSSSST

Un petit secret : si tu veux réussir
ta crème fouettée, assure-toi
que ta crème est ultra-froide.
Et ne fouette pas trop, sinon elle
tournera en beurre.

COMMENT METTRE LE COUVERT ?
(ÇA VEUT AUSSI DIRE COMMENT METTRE LA TABLE)

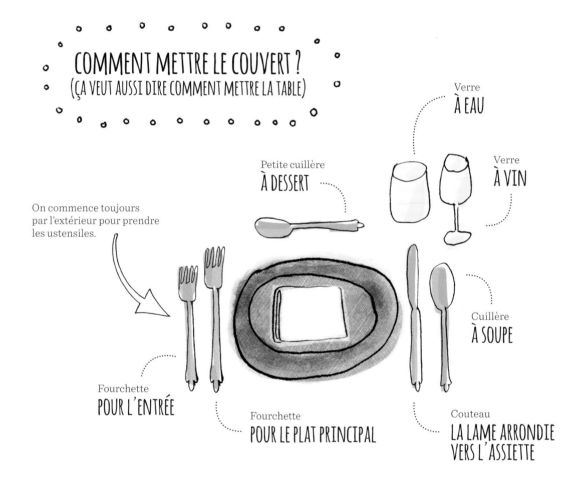

Verre
À EAU

Petite cuillère
À DESSERT

Verre
À VIN

On commence toujours
par l'extérieur pour prendre
les ustensiles.

Cuillère
À SOUPE

Fourchette
POUR L'ENTRÉE

Fourchette
POUR LE PLAT PRINCIPAL

Couteau
LA LAME ARRONDIE
VERS L'ASSIETTE

À FAIRE AVANT QUE **TES AMIS** ARRIVENT

Prépare une liste de lecture de la meilleure musique au monde. Ce ne sera pas le temps de chercher quand ils seront là.

MENU POUR QUE TOUT LE MONDE *TRIPE*

> nachos et guacamole
> mini-pizzas
> bar à *sundaes*

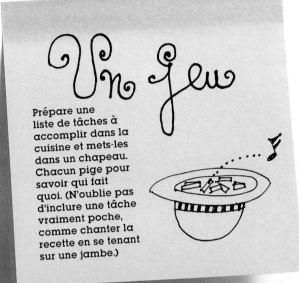

Prépare une liste de tâches à accomplir dans la cuisine et mets-les dans un chapeau. Chacun pige pour savoir qui fait quoi. (N'oublie pas d'inclure une tâche vraiment poche, comme chanter la recette en se tenant sur une jambe.)

POUR NE PAS AVOIR À CHERCHER TOUTE LA SOIRÉE

Écris le nom de chaque personne sur son verre avec un crayon spécial.

MOINS DE VAISSELLE ?

Enlève la calotte d'un poivron, puis les pépins et mets ta trempette dedans.

TREMPETTE

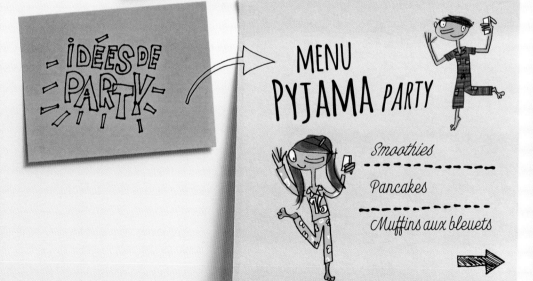

IDÉES DE PARTY

MENU PYJAMA PARTY

Smoothies

Pancakes

Muffins aux bleuets

SOIRÉE CINÉMA

Prépare avec tes amis une affiche maison, de faux billets, des décorations thématiques et, évidemment, du popcorn et plein d'autres recettes de cette section.

04

CHAPITRE

LE SOUPER EST PRÊÊÊÊÊÊT !

AUJOURD'HUI, C'EST TOI QUI T'OCCUPES DU SOUPER. ENFERME TES PARENTS DANS LE SALON, PRENDS LE CONTRÔLE DE LA CUISINE ET PRÉPARE-LEUR UN REPAS DONT ILS SE SOUVIENDRONT LONGTEMPS !

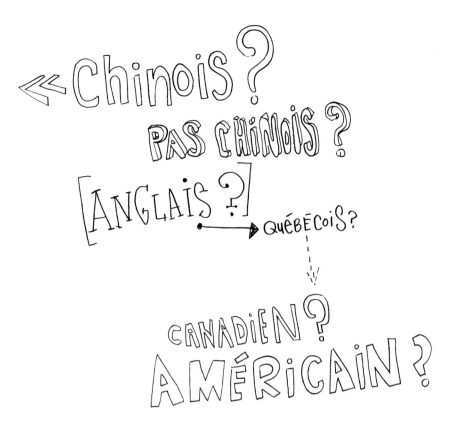

« Chinois ? PAS CHINOIS ? [ANGLAIS ?] → QUÉBÉCOIS ?

CANADIEN ? AMÉRICAIN ?

IL EXISTE TROIS THÉORIES SUR L'ORIGINE DU « PÂTÉ CHINOIS » :

1 Ce serait une invention des travailleurs chinois qui ont construit, à la fin du XIXᵉ siècle, un chemin de fer pour traverser le Canada.

2 Il viendrait de la petite ville de China, dans le Maine, aux États-Unis.

3 Les Québécois lui auraient donné ce nom parce qu'ils avaient autrefois l'habitude de qualifier de « chinois » un mets fait de plusieurs ingrédients bizarres.

Pâté chinois

CLASSIQUE QUÉBÉCOIS, LE PÂTÉ CHINOIS EST SÛREMENT LE MEILLEUR PLAT DONT LES CHINOIS N'ONT JAMAIS ENTENDU PARLER !

préparation 45 minutes / **cuisson** 1 heure / **portions** 4 / **se congèle**

PURÉE DE POMMES DE TERRE

1 litre	(4 tasses) de pommes de terre Russet pelées et coupées en cubes
60 ml	(¼ tasse) de beurre
125 ml	(½ tasse) de lait, environ

BŒUF ET MAÏS

454 g	(1 lb) de bœuf haché maigre ou mi-maigre
1	oignon, haché finement
1	boîte de 540 ml (19 oz) de maïs en crème
	Persil séché pour décorer
	Sel et poivre

PURÉE DE POMMES DE TERRE

1 Avant de commencer, lire la technique «Comment faire une purée de pommes de terre sans grumeaux» p.126. Dans une grande casserole, déposer les pommes de terre et les couvrir d'eau. Saler. Porter à ébullition. Couvrir et laisser mijoter à feu moyen environ 20 minutes ou jusqu'à ce que les pommes de terre soient très tendres. Égoutter dans une passoire. Remettre dans la casserole.

2 À l'aide d'un pilon, écraser grossièrement les pommes de terre avec 30 ml (2 c. à soupe) du beurre. À l'aide d'un batteur électrique, réduire le mélange en purée avec le lait. Saler et poivrer. Réserver.

3 Placer la grille au centre du four. Préchauffer le four à 190 °C (375 °F).

BŒUF ET MAÏS

4 Avant de commencer, lire la technique «Comment cuire du bœuf haché» p.127. Dans une grande poêle à feu élevé, dorer la viande et l'oignon dans le reste du beurre (30 ml/2 c. à soupe). Saler et poivrer. Retirer du feu.

5 Presser légèrement le mélange de viande au fond d'un plat de cuisson carré de 20 cm (8 po). Y répartir le maïs, puis la purée de pommes de terre. Décorer de persil si désiré.

6 Cuire au four 30 minutes. Laisser tiédir 10 minutes.

Comment faire une purée de pommes de terre sans grumeaux?

préparation 20 minutes / **cuisson** 25 minutes / **portions** 4

1 litre	(4 tasses) de pommes de terre Russet pelées et coupées en cubes
60 ml	(¼ tasse) de beurre
125 ml	(½ tasse) de lait, environ
	Sel et poivre

1 Dans une grande casserole, déposer les pommes de terre et les couvrir d'eau. Saler. Porter à ébullition. Couvrir et laisser mijoter à feu moyen environ 20 minutes ou jusqu'à ce que les pommes de terre soient très tendres. Égoutter dans une passoire. Remettre dans la casserole.

2 À l'aide d'un pilon, écraser les pommes de terre avec le beurre.

3 Ajouter le lait et mélanger au batteur électrique jusqu'à ce que la purée soit lisse. Saler et poivrer.

4 Au besoin, ajouter du lait si la purée semble trop ferme.

CINQ TRUCS POUR UNE PURÉE SUPER LISSE

> **Utiliser des pommes de terre Russet (c'est inscrit sur l'emballage).**

> **Peler et couper les pommes de terre pour que les morceaux soient de la même grosseur et cuisent à la même vitesse.**

> **Cuire les pommes de terre jusqu'à ce qu'elles soient bien cuites, hyper-molles.**

> **Bien égoutter les pommes de terre.**

> **Une fois les pommes de terre bien écrasées avec le pilon, allumer le batteur et battre 30 secondes, pas plus. Si on bat trop la purée, la texture deviendra comme de la colle.**

Comment cuire du bœuf haché?

préparation 10 minutes / **cuisson** 15 minutes / **portions** 4

30 ml	(2 c. à soupe) de beurre
454 g	(1 lb) de bœuf haché
	Sel et poivre

1 Dans une grande poêle antiadhésive à feu moyen-élevé, fondre le beurre. Répartir la viande dans la poêle en évitant de la surcharger. Saler et poivrer.

2 À l'aide d'une cuillère de bois, émietter la viande sans la remuer. Une fois que la viande est dorée d'un côté, la retourner en l'émiettant.

3 Lorsque la viande est cuite, elle est prête à être utilisée. Rectifier l'assaisonnement (note ci-dessous).

1, 2, 3, RÉACTION!

Lorsque tu cuis ta viande, elle commence par changer de couleur. Si tu poursuis la cuisson à température élevée, la surface de la viande en contact avec la poêle va caraméliser. C'est ce qu'on appelle la réaction de Maillard. Pour qu'elle se produise, ta poêle doit être bien chaude et il ne faut pas trop brasser la viande, sinon elle ne fera que bouillir.

RECTIFIER L'ASSAISONNEMENT

Quand, à la fin d'une recette, tu vois qu'on te demande de rectifier l'assaisonnement, ça veut dire que tu dois goûter ta recette et juger s'il manque du sel ou du poivre. Comme ça, tu ne laisses aucune chance à un de tes parents de dire: «Ouais, c'est bon, mais ça manque de sel.»

CHACUN SON POTAGE

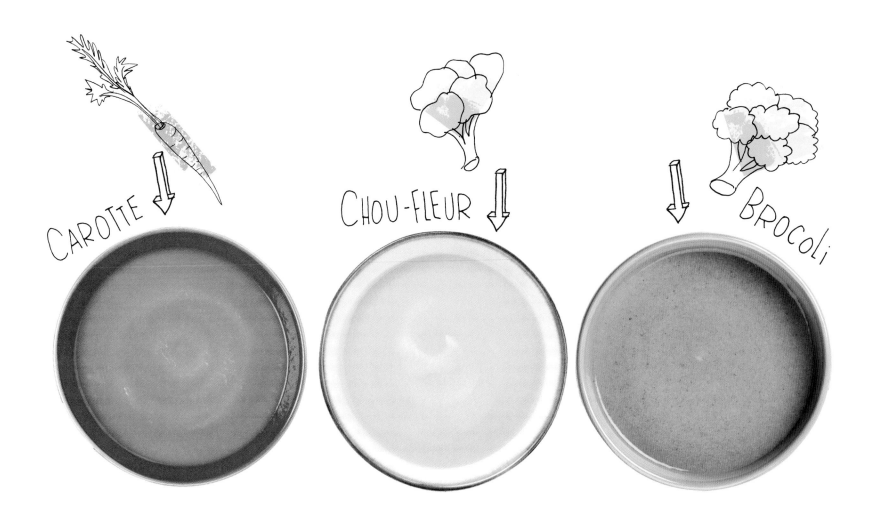

CAROTTE

CHOU-FLEUR

BROCOLI

Faire une soupe, c'est mathématique. Et c'est même pas des mathématiques difficiles : juste de petites additions de rien du tout. En plus, comme c'est simple, tu peux improviser et choisir les légumes que tu veux : carottes, chou-fleur, brocoli, etc. Résultat : des potages que toute ta famille va adorer, et que tu auras inventés toi-même !

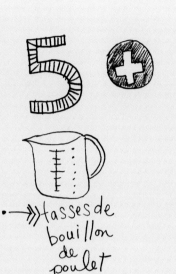

5 + 1 + 4 tasses de carottes

→ tasses de bouillon de poulet

Potage aux carottes

VOICI TOUT CE QUE TU AS À SAVOIR POUR LE RÉUSSIR. ENSUITE, C'EST À TOI DE T'APPROPRIER LA RECETTE ET D'ESSAYER AVEC LES LÉGUMES DE TON CHOIX. (À NOTER : LE CHOCOLAT N'EST PAS UN LÉGUME.)

préparation 20 minutes / **cuisson** 30 minutes / **portions** 4

1,25 litre (5 tasses)	de bouillon de poulet
1	oignon, haché
1 litre (4 tasses)	de carottes pelées et coupées en rondelles
	Sel et poivre

1 Dans une grande casserole, mélanger le bouillon, l'oignon et les carottes. Saler et poivrer. Porter à ébullition et laisser mijoter à feu moyen environ 30 minutes. Le temps de cuisson peut varier selon le légume choisi. Quand on pique les légumes avec une fourchette, ils doivent être très tendres.

2 Verser la soupe dans le mélangeur. Réduire en purée lisse pour en faire un potage. Rectifier l'assaisonnement.

Si tu veux, tu peux aussi faire un potage au chou-fleur, en remplaçant les 4 tasses de carottes par 6 tasses de chou-fleur.

Si tu veux, tu peux aussi faire un potage au brocoli, en remplaçant les 4 tasses de carottes par 6 tasses de brocoli.

LA VINAIGRETTE PASSE-PARTOUT

PRÉPARER DE LA VINAIGRETTE, C'EST L'*FUN* ET FACILE. TU PEUX LA FOUETTER OU TOUT METTRE DANS UN POT ET BRASSER VIGOUREUSEMENT.

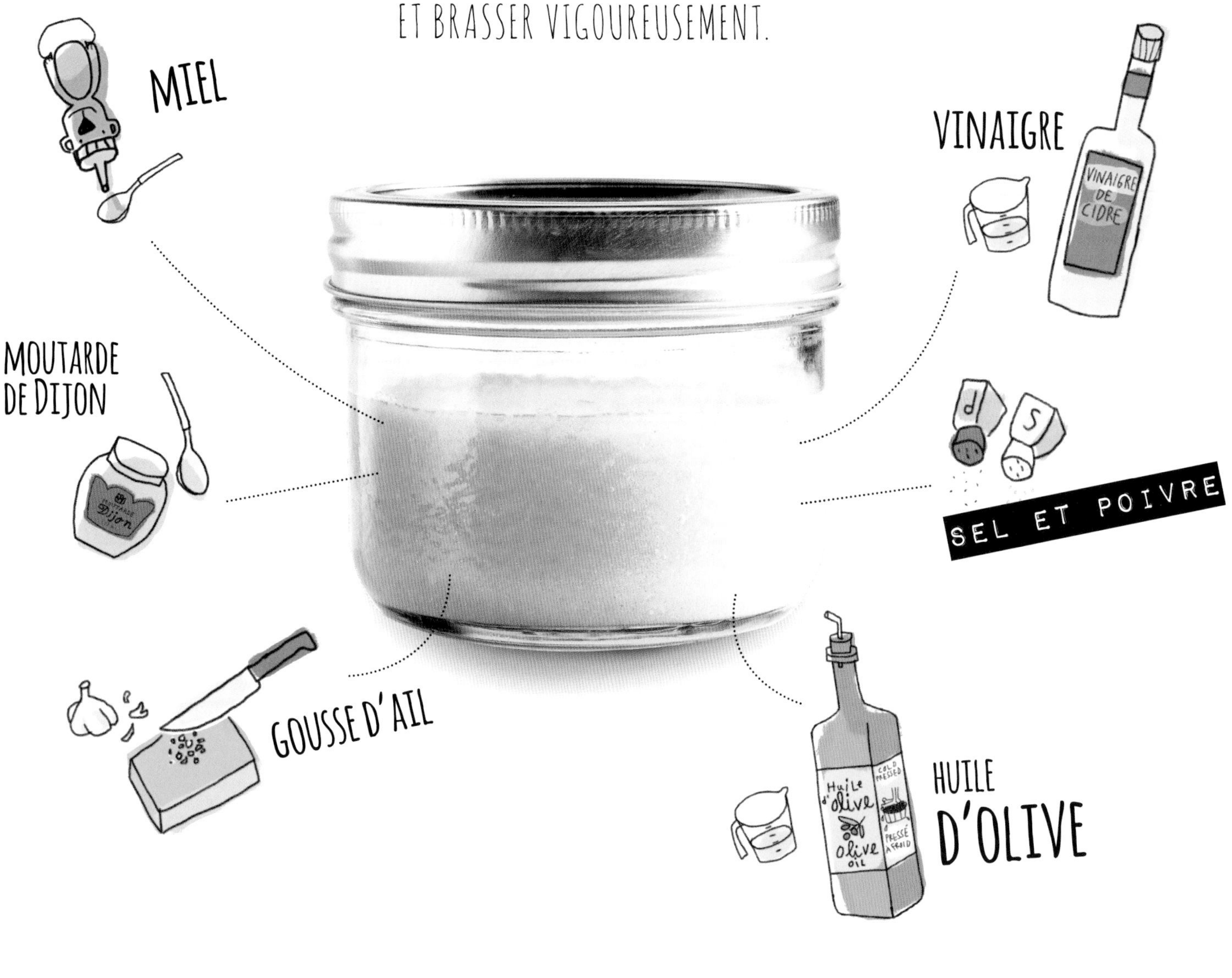
MIEL
VINAIGRE
VINAIGRE DE CIDRE
MOUTARDE DE DIJON
SEL ET POIVRE
GOUSSE D'AIL
HUILE D'OLIVE
Huile d'olive
olive oil
COLD PRESSED
PRESSÉ À FROID

La petite verte Salade verte, Croûtons, Copeaux de fromage

Vinaigrette de base

préparation 5 minutes

125 ml	(½ tasse) d'huile d'olive
60 ml	(¼ tasse) de vinaigre de vin blanc ou de cidre
5 ml	(1 c. à thé) de miel
5 ml	(1 c. à thé) de moutarde de Dijon
1	petite gousse d'ail, hachée finement
	Sel et poivre

1 Dans un bol, à l'aide d'un fouet, mélanger tous les ingrédients jusqu'à ce que la préparation soit homogène. Saler et poivrer.

COMMENT HACHER UN OIGNON
COMME UN PRO ?

> Coupe les 2 extrémités de l'oignon.

> Pose-le à plat, coupe-le en 2 et retire la pelure.

> Fais des incisions jusqu'à 1 cm du bout.

> Hache-le dans le sens contraire en faisant des carrés d'environ 1 cm.

Soupe alphabet

QUE TU SERVES CETTE SOUPE EN ENTRÉE OU AU LUNCH, LE VRAI DÉFI, ICI, C'EST D'ÉCRIRE UN MESSAGE AVEC LES PÂTES POUR CHACUN DE TES INVITÉS... UN GENRE DE TEXTO VINTAGE, QUE TU PEUX MANGER APRÈS L'AVOIR LU !

préparation 10 minutes / **cuisson** 25 minutes / **portions** 4

1	boîte de 796 ml (28 oz) de tomates italiennes entières
1	oignon, haché
30 ml	(2 c. à soupe) d'huile d'olive
1,25 litre	(5 tasses) de bouillon de poulet
125 ml	(½ tasse) de pâtes alphabet ou autres petites pâtes courtes
	Sel et poivre

1 Dans un grand bol, transvider les tomates. Avec les doigts, écraser les tomates en petits morceaux.

2 Dans une grande casserole à feu moyen, cuire l'oignon dans l'huile jusqu'à ce qu'il soit légèrement doré. Saler et poivrer. Ajouter les tomates avec leur jus et poursuivre la cuisson environ 2 minutes. Ajouter le bouillon de poulet. Porter à ébullition.

3 Ajouter les pâtes et poursuivre la cuisson environ 10 minutes ou jusqu'à ce que les pâtes soient *al dente*. Remuer la soupe de temps en temps pour que les pâtes ne collent pas au fond de la casserole. Laisser reposer la soupe environ 5 minutes. Rectifier l'assaisonnement.

4 Servir avec des craquelins au choix.

Tu pleures quand tu coupes un oignon ? C'est normal. Il y a dans l'oignon des gaz qui se libèrent quand tu le coupes et qui se rendent jusqu'à tes yeux. Ces gaz picotent, et ton corps, pour se protéger, produit des larmes. Si tu veux éviter cette réaction, tu n'as d'autre choix que de couper l'accès de ces gaz à tes yeux... en portant des lunettes de plongée !

PARCE QU'ON N'A PAS TOUS LE MÊME ALPHABET

En Russie, il existe des nouilles alphabet reproduisant les caractères de l'alphabet cyrillique (russe) utilisé là-bas. Si on en mange ici, par contre, on risque de ne pas comprendre ce que ça goûte !

Salade de couscous

NOURRISSANT ET DIFFÉRENT, CE PLAT FERA À TOUT COUP ÉCARQUILLER LES YEUX DE TES PARENTS, SURTOUT SI TU LEUR RACONTES À QUEL POINT C'EST DIFFICILE À PRÉPARER (ÇA NE L'EST PAS DU TOUT).

préparation 25 minutes / **cuisson** 20 minutes / **portions** 4 à 6

1	oignon, haché finement
45 ml	(3 c. à soupe) d'huile d'olive
1	gousse d'ail, hachée
375 ml	(1 ½ tasse) de bouillon de poulet
375 ml	(1 ½ tasse) de couscous
1	boîte de 398 ml (14 oz) de pois chiches, rincés et égouttés
1	poivron rouge, épépiné et coupé en dés
2	concombres libanais non pelés, coupés en dés
125 ml	(½ tasse) de fromage feta émietté
125 ml	(½ tasse) de persil frais ciselé
	Sel et poivre

1 Dans une grande poêle antiadhésive à feu moyen, cuire l'oignon dans l'huile jusqu'à ce qu'il commence à dorer. Ajouter l'ail et cuire 2 minutes. Saler et poivrer. Ajouter le bouillon et porter à ébullition.

2 Ajouter le couscous et bien mélanger. Couvrir, retirer du feu et laisser gonfler 5 minutes. À l'aide d'une fourchette, défaire immédiatement les grains de couscous. Laisser tiédir.

3 Dans un grand bol, déposer le reste des ingrédients. Ajouter le couscous. Bien mélanger. Rectifier l'assaisonnement.

1 POUR 1

Le couscous, c'est encore plus facile à préparer que des pâtes. Pour le faire cuire, tu n'as qu'à te souvenir de cette règle : 1 pour 1. Ça veut dire que chaque fois que tu fais cuire une tasse de couscous, tu dois calculer une tasse de liquide bouillant (eau, bouillon, jus...). Tu couvres, tu attends 5 minutes et tu défais les grains de couscous avec une fourchette tout de suite pour qu'ils ne collent pas ensemble.

MAIS C'EST QUOI, DU COUSCOUS ?
C'est de la semoule de blé, qu'on a roulée en petits grains d'un millimètre de diamètre, puis qu'on a précuite et fait sécher. C'est une petite pâte qui nous vient d'Afrique du Nord.

Salade fattouche

D'ORIGINE LIBANAISE, LA SALADE FATTOUCHE
EST TOUTE FRAÎCHE, TOUTE SIMPLE, TOUTE DÉLICIEUSE.
ELLE SE MANGE AVEC DES CROÛTONS DE PITA
(ET AVEC UNE FOURCHETTE).

préparation 25 minutes / **cuisson** 12 minutes / **portions** 4 à 6

CROÛTONS DE PITA

3	pains pitas, déchiquetés en gros morceaux
30 ml	(2 c. à soupe) d'huile d'olive
	Sel

VINAIGRETTE

45 ml	(3 c. à soupe) de jus de citron
45 ml	(3 c. à soupe) d'huile d'olive
5 ml	(1 c. à thé) de miel
1	petite gousse d'ail, hachée finement
	Sel et poivre

LÉGUMES

4	concombres libanais non pelés, tranchés
1	poivron rouge, épépiné et coupé en cubes
1 litre	(4 tasses) de laitue romaine déchiquetée
500 ml	(2 tasses) de tomates cerises, coupées en deux
2	oignons verts, émincés

CROÛTONS DE PITA

1 Placer la grille au centre du four. Préchauffer le four à 180 °C (350 °F). Tapisser une plaque de cuisson de papier parchemin ou d'un tapis de silicone.

2 Dans un grand bol, mélanger les pitas et l'huile. Saler et bien mélanger. Répartir sur la plaque. Cuire au four environ 12 minutes ou jusqu'à ce qu'ils soient dorés, en remuant une fois pendant la cuisson. Laisser refroidir.

VINAIGRETTE

3 Dans un grand bol, mélanger tous les ingrédients au fouet. Saler et poivrer.

LÉGUMES

4 Mélanger les légumes et les croûtons dans le bol avec la vinaigrette. Servir immédiatement, sinon le pain pita va ramollir.

PITA POUF

C'est bien connu, le pain pita est plat. Mais savais-tu que lorsqu'il est cuit il gonfle comme un ballon ? Il ressemble alors à un gros coussin rempli d'air chaud, mais dès qu'il refroidit, il s'aplatit. Pfuuut.

ATTRAPEZ-LE, QUELQU'UN !
On doit l'appellation vol-au-vent à un cuisinier français du nom de Carême, qui a vécu entre 1784 et 1833. Il est le premier à avoir utilisé pour ce plat une pâte feuilletée très légère, qui vole au vent.

7175

C'est le nombre de petits pois mangés en 60 minutes avec des baguettes par Janet Harris, fière détentrice du record Guinness.

TROIS RÈGLES D'OR POUR UNE BÉCHAMEL CHAMPIONNE

1 S'assurer que la farine est très bien mélangée avec le beurre avant d'ajouter le lait.

2 Remuer constamment quand on ajoute le lait.

3 Garder les pépites de chocolat pour une autre recette.

Sauce béchamel

QUAND LE MARQUIS LOUIS DE BÉCHAMEIL, AU 17ᴱ SIÈCLE, A DONNÉ SON NOM À CETTE DÉLICIEUSE SAUCE BLANCHE COURAMMENT UTILISÉE DE NOS JOURS, PARIONS QU'IL NE PENSAIT PAS SE RETROUVER DANS CE LIVRE DE RECETTES DE RICARDO.

préparation 10 minutes / **cuisson** 15 minutes
rendement 560 ml (2 ¼ tasses)

45 ml	(3 c. à soupe) de beurre
1	petit oignon, haché finement
45 ml	(3 c. à soupe) de farine tout usage non blanchie
500 ml	(2 tasses) de lait
1	pincée de muscade moulue
	Sel et poivre

1 Dans une casserole à feu moyen, fondre le beurre.

2 Ajouter l'oignon et cuire 2 à 3 minutes en remuant jusqu'à ce qu'il devienne tendre et presque translucide (comme si on pouvait voir à travers !).

3 Saupoudrer la farine sur l'oignon et mélanger à l'aide d'un fouet. Saler et poivrer. Cuire 1 minute sans cesser de fouetter. Comme ça, la béchamel ne goûtera pas la farine. Cette étape s'appelle faire un roux.

4 Ajouter le lait et la muscade en fouettant constamment à l'aide du fouet. Porter à ébullition à feu moyen-élevé. Ne pas arrêter de fouetter, sinon la sauce aura des grumeaux (les fameux « mottons » qu'on ne veut pas).

5 Lorsque la consistance de la sauce devient épaisse et crémeuse (on sent que le bras commence à être fatigué de mélanger), retirer la casserole du feu. Saler et poivrer.

UN ROUX ?
C'est un mélange de farine et de beurre cuit. Plus c'est cuit, plus c'est foncé, plus la sauce est foncée. Le roux sert ici à épaissir le lait et à réaliser une belle sauce onctueuse.

Vol-au-vent au poulet

préparation 30 minutes / **cuisson** 35 minutes / **portions** 4

1	recette de sauce béchamel (recette p.140)
500 ml	(2 tasses) de poulet cuit
250 ml	(1 tasse) de petits pois surgelés
8	coupelles maison (recette ci-dessous) ou vol-au-vent cuits du commerce

1 Dans une casserole à feu moyen, chauffer la sauce béchamel, le poulet et les petits pois 5 minutes. Rectifier l'assaisonnement.

2 Verser la préparation dans les coupelles de pain grillé en la laissant déborder de chaque côté.

Coupelles maison pour vol-au-vent

OH, BIEN SÛR, TU POURRAIS ACHETER DES COUPELLES DE VOL-AU-VENT TOUTES PRÊTES À L'ÉPICERIE. MAIS OÙ SERAIT LE DÉFI ? VOICI UNE VERSION TRÈS SIMPLE, TOUT AUSSI BONNE, ET MEILLEURE POUR LA SANTÉ.

préparation 10 minutes / **cuisson** 20 minutes / **portions** 4

8	tranches de pain, avec ou sans la croûte
30 ml	(2 c. à soupe) de beurre, ramolli

1 Placer la grille au centre du four. Préchauffer le four à 180 °C (350 °F).

2 Tartiner un côté des tranches de pain avec le beurre. Enfoncer chaque tranche de pain dans un moule à muffins, côté beurré vers le bas, pour former de petits bols.

3 Cuire au four environ 20 minutes ou jusqu'à ce qu'ils soient dorés et croustillants. Réserver.

CROQUE-MONSIEUR

Un croque-monsieur, c'est simplement
un sandwich chaud au jambon et au fromage
avec un peu de sauce béchamel.

Croque-monsieur

CE SUCCULENT PLAT TIENT SON NOM DU FAIT QUE CELUI QUI L'A INVENTÉ, EN 1910, DISAIT À LA BLAGUE QUE LA VIANDE SUR LE PAIN ÉTAIT DE LA CHAIR HUMAINE. BON, CE N'EST PAS LA MEILLEURE FAÇON DE LE RENDRE APPÉTISSANT... MAIS C'EST TELLEMENT BON !

préparation 5 minutes / **cuisson** 10 à 12 minutes / **portions** 4

8	tranches de pain blanc ou de blé entier
125 ml	(½ tasse) de sauce béchamel (recette p.140)
8 à 16	tranches de jambon
8	tranches de fromage suisse ou mozzarella

1 Placer la grille au centre du four. Préchauffer le four à 200 °C (400 °F). Tapisser une plaque de cuisson de papier parchemin.

2 Sur la plaque de cuisson, déposer les tranches de pain, côte à côte. Sur chaque tranche, répartir 15 ml (1 c. à soupe) de béchamel, 1 à 2 tranches de jambon et 1 tranche de fromage.

3 Cuire au four de 10 à 12 minutes ou jusqu'à ce que le fromage soit légèrement doré.

DES TROUS PLEINS DE GOÛT

Pourquoi y a-t-il des trous dans certains fromages suisses ? Des chercheurs ont récemment élucidé le mystère : c'est parce qu'il y a des particules de foin qui tombent dans le lait pendant la traite des vaches. Ces particules dégagent des gaz pendant la fermentation du fromage et créent ces trous.

CROQUE-Madame

Si on ajoute un œuf poêlé sur le croque-monsieur, ça devient un croque-madame.

SI TU N'AS PAS ENVIE DE PESER LES SPAGHETTIS...

Pour chaque personne, on doit compter environ 100 g de pâtes, mais il n'est pas nécessaire de les peser. Fie-toi au cercle ci-dessus (c'est environ la grosseur d'un 25 sous).

Comment cuire des pâtes ?

SI TU VEUX CUIRE DES PÂTES COMME UN VRAI ITALIEN : UTILISE UNE TRÈS GRANDE CASSEROLE, ASSURE-TOI QUE TON EAU EST VRAIMENT SALÉE ET ATTENDS QU'ELLE BOUILLE À GROS BOUILLONS AVANT D'Y PLONGER LES PÂTES.

---

préparation 10 minutes / **cuisson** 8 à 10 minutes / **portions** 4

4 litres	(16 tasses) d'eau
15 ml	(1 c. à soupe) de sel
340 g	(¾ lb) de pâtes au choix (macaronis, spaghettis, fettuccines, nouilles)

1 Verser l'eau dans une grande casserole. Porter à ébullition. Quand l'eau bout, ajouter le sel et les pâtes.

2 Attendre que l'eau bouille de nouveau avant de commencer à compter le temps de cuisson. Après 1 ou 2 minutes, bien brasser les pâtes pour éviter qu'elles collent ensemble et au fond de la casserole. Les pâtes doivent être cuites al dente, c'est-à-dire encore légèrement croquantes. On peut se fier au temps de cuisson indiqué sur l'emballage, mais il est préférable de goûter aux pâtes 2 ou 3 minutes avant, pour éviter qu'elles soient trop cuites.

3 Égoutter les pâtes dans une passoire. Ne pas les rincer sous l'eau froide et ne pas ajouter d'huile, sauf si la recette le mentionne.

PAS D'HUILE PAS D'EAU FROIDE

Sauce à spag

POUR FAIRE LE PLEIN D'ÉNERGIE LA VEILLE D'UN MATCH (OU D'UNE LONGUE SOIRÉE ÉCRASÉ DEVANT LA TÉLÉ), RIEN NE VAUT UN BON SPAGHETTI SAUCE À LA VIANDE. ET C'EST NETTEMENT PLUS GAGNANT QUAND C'EST TOI QUI LE PRÉPARES.

préparation 25 minutes / **cuisson** 30 minutes / **portions** 8
se congèle

1	oignon, haché finement
4	gousses d'ail, hachées
60 ml	(¼ tasse) d'huile d'olive
500 ml	(2 tasses) de carottes pelées et râpées
454 g	(1 lb) de veau haché
1	boîte de 398 ml (14 oz) de tomates broyées
250 ml	(1 tasse) de bouillon de poulet
1	boîte de 156 ml de pâte de tomates
	Sel et poivre

1 Dans une grande casserole à feu moyen-élevé, attendrir l'oignon et l'ail dans l'huile 1 minute. Ajouter les carottes et cuire 2 minutes. Ajouter la viande en l'émiettant à l'aide d'une cuillère de bois. Saler et poivrer. Poursuivre la cuisson à feu élevé 5 minutes sans trop remuer la viande pour qu'elle puisse dorer (lire la technique «Comment cuire du bœuf haché» p.127).

2 Ajouter les tomates, le bouillon et la pâte de tomates. Laisser mijoter à feu doux environ 15 minutes ou jusqu'à ce que la sauce épaississe. Rectifier l'assaisonnement.

3 La sauce est prête à être mélangée aux spaghettis cuits (lire la technique «Comment cuire des pâtes» p.145).

Macaroni chinois › p. 150

Macaroni au fromage › p.151

MACARONI CHINOIS

UNE CONFIDENCE : CETTE RECETTE NE VIENT PAS DE LA CHINE. ELLE TIENT SIMPLEMENT SON NOM DU FAIT QU'ELLE CONTIENT DE LA SAUCE SOYA, QU'ON UTILISE GÉNÉRALEMENT DANS LA CUISINE ASIATIQUE. (BONNE CHANCE POUR MANGER LES MACARONIS AVEC DES BAGUETTES !)

préparation 20 minutes / **cuisson** 25 minutes / **portions** 4 à 6

340 g	(¾ lb) de macaronis
225 g	(8 oz) de petits champignons blancs, coupés en quartiers
2	branches de céleri, coupées en dés
1	petit poivron rouge, épépiné et coupé en dés
1	petit oignon, haché finement
30 ml	(2 c. à soupe) d'huile d'olive
454 g	(1 lb) de bœuf haché mi-maigre
125 ml	(½ tasse) de bouillon de bœuf
60 ml	(¼ tasse) de sauce soya
15 ml	(1 c. à soupe) de sauce Worcestershire
	Sel et poivre

1 Avant de commencer, lire la technique « Comment cuire les pâtes » p.145. Dans une grande casserole d'eau bouillante salée, cuire les pâtes jusqu'à ce qu'elles soient *al dente*. Égoutter, rincer sous l'eau froide et réserver.

2 Dans la même casserole, cuire les champignons, le céleri, le poivron et l'oignon dans l'huile de 5 à 10 minutes ou jusqu'à ce qu'ils soient bien tendres. Ajouter la viande en l'émiettant légèrement avec une cuillère de bois et cuire jusqu'à ce qu'elle soit bien dorée (lire la technique « Comment cuire du bœuf haché » p.127). Ajouter le reste des ingrédients et les macaronis cuits. Remuer jusqu'à ce que le liquide soit absorbé par les macaronis. Rectifier l'assaisonnement (note ci-dessous).

VAS-Y MOLLO SUR LE SEL…

Le bouillon et la sauce soya en contiennent déjà beaucoup. Alors, fais attention de ne pas gâcher ta recette en la salant encore plus. Ajoute seulement un peu de poivre… si ça te tente !

MACARONI AU FROMAGE

OUBLIE LE MACARONI DANS UNE PETITE BOÎTE BLEUE, AVEC UN SACHET DE POUDRE ORANGE FLUO. CELUI-CI TE PLAIRA TELLEMENT QUE TU NE VOUDRAS PLUS Y REVENIR.

préparation 20 minutes / **cuisson** 20 minutes / **portions** 4

340 g	(¾ lb) de macaronis
45 ml	(3 c. à soupe) de beurre
45 ml	(3 c. à soupe) de farine tout usage non blanchie
500 ml	(2 tasses) de lait
375 ml	(1 ½ tasse) de fromage cheddar râpé (note ci-dessous)
1 ml	(¼ c. à thé) de muscade moulue
	Sel et poivre

1 Avant de commencer, lire la technique « Comment cuire les pâtes » p. 145. Dans une grande casserole d'eau bouillante salée, cuire les pâtes jusqu'à ce qu'elles soient *al dente*. Égoutter et arroser d'un peu d'huile pour éviter qu'elles collent ensemble. Réserver.

2 Dans la même casserole à feu moyen, fondre le beurre. Ajouter la farine et cuire 1 minute en remuant. Ajouter le lait et porter à ébullition en remuant à l'aide d'un fouet. Ajouter le fromage et remuer jusqu'à ce qu'il soit fondu. Ajouter la muscade et les pâtes. Saler, poivrer et bien mélanger.

UNE *TWIST* VERTE

Et pour un macaroni qui ressemble plus à celui du commerce, utilise du fromage cheddar orange. Au goût, ajoute 250 ml (1 tasse) de jambon coupé en dés et/ou 500 ml (2 tasses) de petits bouquets de brocoli cuits.

Parfois, c'est une bonne idée d'improviser un peu et de modifier une recette. Mais pas ici. Si tu utilises des spaghettis au lieu de pâtes courtes trouées (comme le macaroni qui supporte parfaitement la sauce), tu vas te retrouver avec un genre de brique de pâtes inséparables.

DES Spaghettis AUSSI ?

Boulettes de viande aux tomates

TU VEUX FAIRE RETOMBER TES PARENTS EN ENFANCE ?
PRÉPARE-LEUR CES BOULETTES QUI LEUR RAPPELLERONT
À TOUT COUP LES REPAS FAMILIAUX DE LEUR JEUNE
TEMPS (MAIS TU N'ES PAS OBLIGÉ D'ÉCOUTER LES
HISTOIRES QU'ILS VOUDRONT RACONTER...) !

- -

préparation 20 minutes / **cuisson** 1 h 20 / **portions** 6 à 8
se congèlent

RIZ

250 ml	(1 tasse) d'eau
125 ml	(½ tasse) de riz à grains longs cru

BOULETTES

900 g	(2 lb) de bœuf haché maigre
1	petit oignon, haché finement
1	boîte de 284 ml (10 oz) de soupe condensée aux tomates, non diluée
1	boîte de 540 ml (19 oz) de jus de tomate
	Persil plat, ciselé pour décorer
	Sel et poivre

RIZ

1 Dans une casserole, verser l'eau, le riz et une pincée de sel. Porter à ébullition. Réduire le feu au minimum. Remuer et couvrir. Cuire 20 minutes sans remuer.

2 Placer la grille au centre du four. Préchauffer le four à 180 °C (350 °F).

BOULETTES

3 Dans un grand bol, bien mélanger la viande, le riz cuit, l'oignon et 15 ml (1 c. à soupe) de soupe aux tomates avec les mains. Saler et poivrer.

4 Façonner de 16 à 18 boulettes en calculant environ 45 ml (3 c. à soupe) du mélange de viande pour chacune. Les déposer dans un plat de cuisson d'environ 33 x 23 cm (13 x 19 po).

5 Dans une grande tasse à mesurer, mélanger le reste de soupe aux tomates et le jus de tomate. Verser sur les boulettes.

6 Cuire au four 1 heure. À mi-cuisson, arroser les boulettes du jus de tomate qui se trouve dans le plat. Au moment de servir, décorer de persil. Accompagner d'une purée de pommes de terre (lire la technique « Comment faire une purée de pommes de terre sans grumeaux » p. 126).

À *GO,* ON PLONGE !

Un des grands plaisirs de la cuisine, c'est qu'elle fait appel à tous les sens, même le toucher ! Alors, n'hésite pas une seule seconde, et plonge les doigts dans la viande pour y intégrer les ingrédients et façonner les boulettes. Tu vas voir, c'est pas mal plus le *fun* que la pâte à modeler. Et au final, ça goûte pas mal meilleur.

DE LA CRÈME GLACÉE AUX BOULETTES

Pour préparer de belles boulettes bien rondes et qui ont toutes la même grosseur, utilise une cuillère à crème glacée pour mesurer la quantité de viande, puis roule les boulettes (mais laisse les cornets dans le garde-manger).

Filet mignon de porc à l'érable

SI TU HÉSITES À TE LANCER DANS CETTE RECETTE, NOUS AVONS DEUX ARGUMENTS BÉTON : KETCHUP ET SIROP D'ÉRABLE. TOUJOURS PAS CONVAINCU ? EUH... FÉCULE DE MAÏS ? (EN FAIT, ESSAIE-LA, TU NE SERAS PAS DÉÇU !)

préparation 15 minutes / **cuisson** 15 minutes / **portions** 2 à 3

125 ml	(½ tasse) de bouillon de poulet
60 ml	(¼ tasse) de sirop d'érable
5 ml	(1 c. à thé) de moutarde de Dijon
5 ml	(1 c. à thé) de ketchup
5 ml	(1 c. à thé) de fécule de maïs
1	filet de porc d'environ 454 g (1 lb)
30 ml	(2 c. à soupe) de beurre
1	petit oignon, émincé
	Sel et poivre

1 Dans un petit bol, mélanger le bouillon, le sirop d'érable, la moutarde, le ketchup et la fécule. Réserver le mélange le temps de préparer le filet de porc.

2 Sur une planche à découper, couper le filet de porc en tranches d'environ 1,5 cm (¾ po) d'épaisseur.

3 Dans une grande poêle antiadhésive, dorer la moitié des tranches de chaque côté dans la moitié du beurre. Déposer les tranches dorées sur une assiette. Répéter l'opération avec le reste de la viande et le reste du beurre.

4 Ajouter l'oignon et poursuivre la cuisson 2 minutes en remuant de temps en temps. Ajouter le mélange de bouillon et la viande. Laisser mijoter environ 2 minutes ou jusqu'à ce que la sauce épaississe. Saler et poivrer.

5 Servir le porc avec un légume au choix et du riz blanc.

ROSE ET BRUN, LES COULEURS DU BON GOÛT

Pour savoir si le filet de porc est prêt, coupe une tranche. Si le centre est légèrement rosé et que l'extérieur est brun, c'est prêt !

GROSSE FAMILLE ?
N'hésite pas à doubler
la recette s'il y a plein de
monde qui soupe avec toi
(ou si tu as très faim).

NOUILLES VS PÂTES

On appelle « nouilles » des pâtes plates et larges. La principale différence entre les pâtes ordinaires et les nouilles aux œufs, c'est que les nouilles sont fabriquées avec... des œufs. Beaucoup plus d'œufs, en fait, que les pâtes classiques. Elles sont aussi plus jaunes.

Nouilles au bœuf

ÉTÉ COMME HIVER, SOIR DE SEMAINE OU MIDI
DE FIN DE SEMAINE, LES NOUILLES AU BŒUF
SONT UN CLASSIQUE QU'ON SERAIT FOU
D'ÉVITER. EN PLUS, ON Y MET DE LA SAUCE
WORCESTERTERSHIWORSNDEHSTSERTERSHIRE
(OU QUELQUE CHOSE COMME ÇA).

préparation 30 minutes / **cuisson** 15 minutes / **portions** 4

225 g	(½ lb) de nouilles aux œufs en forme de spirales
1	oignon, haché finement
30 ml	(2 c. à soupe) de beurre
454 g	(1 lb) de bœuf haché maigre
1	gousse d'ail, hachée finement
5 ml	(1 c. à thé) de farine tout usage non blanchie
5 ml	(1 c. à thé) d'assaisonnement au chili
250 ml	(1 tasse) de bouillon de poulet
15 ml	(1 c. à soupe) de sauce soya
5 ml	(1 c. à thé) de sauce Worcestershire
500 ml	(2 tasses) de fromage cheddar jaune râpé
	Sel et poivre

1 Dans une grande casserole d'eau bouillante salée, cuire les nouilles environ 10 minutes ou jusqu'à ce qu'elles soient *al dente*. Égoutter les nouilles. Arroser d'un peu d'huile d'olive pour éviter qu'elles collent ensemble. Réserver

2 Dans une grande poêle antiadhésive à feu moyen, dorer l'oignon dans le beurre en remuant avec une cuillère de bois. Ajouter la viande et l'ail. Poursuivre la cuisson à feu élevé en émiettant la viande à la cuillère, jusqu'à ce qu'elle soit légèrement dorée. Saler et poivrer.

3 Saupoudrer la farine et l'assaisonnement au chili sur la viande. Bien mélanger. Ajouter le bouillon, la sauce soya, la sauce Worcestershire puis le fromage. Remuer jusqu'à ce que le fromage soit fondu.

4 Ajouter les nouilles et bien mélanger pour les enrober de la sauce. Retirer la casserole du feu et laisser reposer de 5 à 10 minutes ou jusqu'à ce que la sauce épaississe légèrement. Rectifier l'assaisonnement.

DE LA SAUCE QUOI ?

Worcestershire! C'est un peu comme la Voldemort des sauces, parce que tout le monde a peur de dire son nom. En fait, ça se prononce un peu comme « wourstecheur ». Mais tu peux aussi dire simplement « sauce anglaise » !

Croquettes au thon

AVERTISSEMENT : QUAND TES PARENTS AURONT GOÛTÉ À CES CROQUETTES, IL SE PEUT QU'ILS T'EN REDEMANDENT CHAQUE SEMAINE. TU VAS PEUT-ÊTRE DEVOIR CUISINER PLUS SOUVENT QUE TU LE PENSAIS (OU SIMPLEMENT LEUR PRÊTER TON LIVRE).

préparation 20 minutes / **cuisson** 12 minutes / **rendement** 8
se congèlent

500 ml	(2 tasses) de purée de pommes de terre nature, froide (lire la technique « Comment faire une purée de pommes de terre sans grumeaux » p. 126.)
2	boîtes de 170 ml de thon dans l'huile, égoutté
1	œuf
180 ml	(¾ tasse) de chapelure
30 ml	(2 c. à soupe) de beurre
15 ml	(1 c. à soupe) d'huile d'olive
	Sel et poivre

1 Dans un bol, mélanger la purée de pommes de terre, le thon, l'œuf et 60 ml (¼ tasse) de chapelure. Saler et poivrer généreusement. Réserver le reste de chapelure dans une assiette creuse.

2 Façonner le mélange de pommes de terre en 8 galettes avec environ 75 ml (⅓ tasse) pour chacune. Les presser de chaque côté dans le reste de la chapelure.

3 Dans une grande poêle antiadhésive à feu moyen, dorer les galettes dans le beurre et l'huile environ 3 minutes de chaque côté ou jusqu'à ce qu'elles soient bien dorées.

4 Accompagner de la sauce aux cornichons (recette ci-contre) et d'une salade verte (recette p. 131).

Sauce aux cornichons

CETTE SAUCE, C'EST LE PETIT BONUS FACILE À FAIRE QUI IMPRESSIONNERA VRAIMENT TES PARENTS. DÉJÀ QUE LES CROQUETTES, WHOÂ... MAIS AVEC UNE SAUCE EN PLUS, SUPRA-WHOÂ !

préparation 10 minutes / **rendement** 250 ml (1 tasse)

125 ml	(½ tasse) de crème sure
30 ml	(2 c. à soupe) de mayonnaise
60 ml	(¼ tasse) de cornichons à l'aneth, égouttés et hachés finement
4	petits cornichons sucrés, égouttés et hachés finement
15 ml	(1 c. à soupe) de jus de cornichons à l'aneth
15 ml	(1 c. à soupe) de jus de cornichons sucrés
	Sel et poivre

1 Dans un bol, mélanger tous les ingrédients. Saler et poivrer.

2 Servir avec les croquettes au thon.

DES GROS ET DES PETITS

Il y a deux genres de cornichons dans cette recette. Habituellement, ceux à l'aneth sont gros, et les sucrés sont tout petits.

17 000

C'est le nombre de croquettes que tu aurais pu préparer avec le plus gros thon jamais pêché. Il mesurait plus de six mètres !

C'EST QUOI UN CORNICHON ?

C'est un petit concombre qui fait partie de la même famille que les longs concombres (les cucurbitacées) et qui est mariné dans le vinaigre.

Sauce aux cornichons

Brocoli vapeur

TES PARENTS NE RAFFOLENT PAS DES BROCOLIS ET TU CHERCHES UNE FAÇON DE LEUR EN FAIRE MANGER QUAND MÊME PARCE QUE C'EST BOURRÉ DE VITAMINES ? ESSAIE CETTE RECETTE À LA VAPEUR. C'EST SUPER SIMPLE.

préparation 15 minutes / **cuisson** 8 minutes / **portions** 4

1	brocoli
	Sel

1 Sur une planche de travail, couper le brocoli en bouquets. À l'aide d'un économe, peler les tiges et les couper en tranches.

2 Mettre une marguerite (lexique p. 190) dans une casserole. Verser de l'eau jusqu'à la hauteur de la marguerite (sans que l'eau touche aux légumes). Porter à ébullition. Répartir les tiges et les bouquets de brocoli.

3 Cuire environ 8 minutes ou jusqu'à ce que le brocoli soit *al dente*. Saler.

MANGER DES PIEDS !

Quand on mange du brocoli, on mange surtout les bouquets. Mais les pieds sont aussi excellents. Ils sont délicieux crus, comme ça ou dans une trempette. Tu peux aussi les faire cuire comme les bouquets, dans l'eau bouillante salée ou à la vapeur. Mais tu dois d'abord prendre le temps de retirer la peau verte plus foncée. Pèle les pieds de brocoli avec un économe (un épluche-patates) et coupe-les en petits bâtonnets.

Chou-fleur popcorn

POUR ACCOMPAGNER N'IMPORTE QUELLE AUTRE RECETTE DE CE LIVRE (SAUF, PEUT-ÊTRE, LE GÂTEAU AU CHOCOLAT), RIEN NE VAUT CE CHOU-FLEUR RÔTI AU FOUR.

préparation 10 minutes / **cuisson** 25 minutes / **portions** 4

1	chou-fleur, défait en petits bouquets
30 ml	(2 c. à soupe) d'huile d'olive
	Sel et poivre

1 Placer la grille au centre du four. Préchauffer le four à 210 °C (425 °F). Tapisser une plaque de cuisson de papier parchemin.

2 Dans un bol, mélanger le chou-fleur et l'huile. Saler et poivrer. Répartir sur la plaque. Cuire au four de 25 à 30 minutes en remuant le chou-fleur à quelques reprises, ou jusqu'à ce qu'il soit bien doré.

Pourquoi le chou-fleur sent-il fort quand il cuit ? Quand il est cru, le chou-fleur ne sent rien. C'est seulement lors de la cuisson qu'il peut développer son odeur. Pourquoi ? Parce qu'il contient du soufre, comme les oignons. C'est un élément chimique qu'on utilise aussi pour fabriquer des allumettes et de la poudre à canon.

PAS JUSTE DES BLANCS !

Le savais-tu ? On trouve aussi du chou-fleur orangé, mauve et vert.

Bouchées de nachos toutes garnies

C'EST BIEN BEAU D'IMPRESSIONNER TES PARENTS PENDANT LE SOUPER, MAIS AVANT, TU FAIS QUOI ? HEIN, TU FAIS QUOI ? TU TE CALMES, D'ABORD. ET TU LES PRÉ-IMPRESSIONNES AVEC CETTE ENTRÉE CROUSTILLANTE.

préparation 25 minutes / **cuisson** 10 minutes
rendement 25 bouchées

250 ml	(1 tasse) de fromage cheddar orange râpé
60 ml	(¼ tasse) de fromage à la crème fouetté (note ci-dessous)
½	petit poivron rouge, épépiné et coupé en petits dés
15 ml	(1 c. à soupe) de coriandre fraîche ciselée
25	coupelles de maïs blanc
1	boîte de 540 ml (19 oz) de haricots rouges, rincés et égouttés
75 ml	(⅓ tasse) de salsa douce ou moyenne

1 Placer la grille au centre du four. Préchauffer le four à 200 °C (400 °F). Tapisser une plaque à cuisson de papier parchemin.

2 Dans un bol, mélanger le fromage cheddar et le fromage à la crème à la cuillère de bois jusqu'à ce qu'ils commencent à former une pâte. Réserver.

3 Dans un autre bol, mélanger le poivron et la coriandre. Réserver.

4 Placer les coupelles sur la plaque. Garnir chaque coupelle de deux haricots rouges. Conserver le reste des haricots rouges pour un autre usage. Couvrir avec environ 5 ml (1 c. à thé) du mélange de fromages.

5 Cuire au four environ 10 minutes ou jusqu'à ce que le fromage soit complètement fondu.

6 À la sortie du four, répartir la salsa dans les coupelles et parsemer du mélange de poivron et de coriandre. Les coupelles de nachos sont meilleures chaudes.

(DÉ) GONFLER À BLOC

Tu peux remplacer le fromage à la crème fouetté par un fromage à la crème vendu en bloc que tu auras fait ramollir en le laissant sur le comptoir pendant au moins une heure.

05 CHAPITRE

COMME AU RESTO

HAMBURGERS, FRITES, *POGOS*... AVOUE QUE TU NE PENSAIS JAMAIS TROUVER ÇA DANS UN LIVRE DE RECETTES ! ILS SONT AUSSI BIEN MEILLEURS POUR LA SANTÉ QUE LES REPAS RAPIDES DU PETIT RESTO DU COIN. DE QUOI SATISFAIRE TES ENVIES DE *FAST-FOOD*, SANS LES SOUPIRS DE TES PARENTS QUI VIENNENT AVEC.

Pogos au poulet

C'EST UNE RECETTE QUI DEMANDE DE LA PRUDENCE, MAIS SI TU FAIS ATTENTION AVEC LA FRITEUSE, TU VAS POUVOIR L'APPRÉCIER CHEZ TOI, PLUTÔT QUE DANS UNE AMBULANCE, OÙ ÇA SERAIT PAS MAL MOINS BON.

préparation 25 minutes / **cuisson** 20 minutes / **rendement** 12 *pogos*

PÂTE À FRIRE

250 ml	(1 tasse) de semoule de maïs fine
180 ml	(¾ tasse) de farine tout usage non blanchie
10 ml	(2 c. à thé) de sucre
7,5 ml	(1 ½ c. à thé) de poudre à pâte
2,5 ml	(½ c. à thé) de sel
1	œuf
150 ml	(⅔ tasse) de lait
150 ml	(⅔ tasse) d'eau
	Huile de canola, pour la friture

POULET

125 ml	(½ tasse) de farine tout usage non blanchie
3	demi-poitrines de poulet, désossées et sans la peau
12	brochettes de bois de 20 cm (8 po)
	Sel et poivre

PÂTE À FRIRE

1 Dans un grand bol, mélanger la semoule, la farine, le sucre, la poudre à pâte et le sel. Ajouter l'œuf, le lait et l'eau. À l'aide d'un fouet, mélanger jusqu'à ce que la pâte soit lisse et homogène. Verser dans une grande assiette creuse. Réserver.

2 Préchauffer l'huile de la friteuse à 190 °C (375 °F). Tapisser une plaque de cuisson de papier absorbant ou y déposer une grille. Préchauffer le four à 95 °C (200 °F) pour réserver les *pogos* au chaud après la cuisson.

POULET

3 Dans une assiette, placer la farine. Réserver.

4 Sur une planche à découper, couper chaque demi-poitrine de poulet en 4 lanières sur la longueur. Saler et poivrer.

5 Enfiler une lanière de poulet sur chaque brochette en ne laissant pas le bout pointu de la brochette sortir. Enrober complètement le poulet de farine et secouer pour en retirer l'excédent. Tremper et enrouler le poulet dans la pâte. Secouer de nouveau pour en retirer l'excédent. Frire 2 à 4 *pogos* à la fois, de 5 à 6 minutes, ou jusqu'à ce que les *pogos* soient dorés et le poulet bien cuit. Égoutter sur le papier. Réserver au chaud jusqu'au moment de servir.

SEMOULE VS FARINE (LE COMBAT DU SIÈCLE)

Non, c'est pas vrai. Il n'y a pas vraiment de combat. C'est juste qu'on veut être sûrs que tu ne confondras pas la semoule de maïs et la farine de maïs. La semoule (ce qu'il te faut pour cette recette) est de couleur jaune pâle et a la grosseur du sucre blanc granulé.

semoule

↙

farine

C'EST PAS LE TEMPS D'ÊTRE ORGUEILLEUX

Demande à tes parents de t'aider à cuire les *pogos* dans la friteuse. Il n'y a pas grand-chose de plus dangereux que de l'huile brûlante !

LE MEILLEUR TRUC POUR FRIRE

Pour que la pâte de tes *pogos* ne colle pas dans le fond de la friteuse, descends-les dans l'huile quelques secondes avant de les lâcher doucement, sans éclaboussures. Ils auront alors le temps de cuire suffisamment pour ne plus coller.

sauce express

Sauce à la moutarde et au miel

Dans un bol, mélanger 60 ml (¼ tasse) de moutarde et 15 ml (1 c. à soupe) de miel.

LiMONADE JAUNE

C'est le nombre de citrons que peut produire un citronnier — en une seule année ! — dans certains pays.

Limonade

TU AS SOIF ? PAS DE PROBLÈME, VOICI LE REMÈDE IDÉAL : UNE LIMONADE FORMIDABLE, DÉSALTÉRANTE, DIGNE DES DIEUX ! (ON EXAGÈRE PEUT-ÊTRE UN PEU, MAIS ELLE EST SUPER BONNE.)

préparation 15 minutes / **cuisson** 3 minutes / **réfrigération** 2 heures
rendement 1,5 litre (6 tasses)

625 ml	(2 ½ tasses) d'eau
125 ml	(½ tasse) de sucre
125 ml	(½ tasse) de jus de citron (2 à 3 citrons fraîchement pressés)
500 ml	(2 tasses) de glaçons

1 Dans une petite casserole, porter à ébullition 125 ml (½ tasse) de l'eau avec le sucre en remuant jusqu'à ce que le sucre soit fondu pour en faire un sirop.

2 Verser ce sirop dans un pichet et ajouter le reste de l'eau (500 ml/2 tasses) (glacée, si possible) et le jus de citron. Bien mélanger. Réfrigérer environ 2 heures. Au moment de servir, ajouter les glaçons.

FLAT, C'EST PAS TA TEXTURE ?
Tu peux aussi rendre ta limonade pétillante: au moment de servir, ajoute 250 ml (1 tasse) d'eau minérale pétillante.

AVEC
ou
SANS BULLES

LIMONADE ROSÉE ?

JAUNE PÂLE, C'EST PAS TA COULEUR ?
Tu peux rendre ta limonade rosée en ajoutant 250 ml (1 tasse) de jus de canneberge.

CRÉE TON BURGER DE RÊVE

TU N'AIMES PAS LE SAUMON ?
ON A UN HAMBURGER AU POULET POUR
TOI. TU N'AIMES PAS LE POULET ?
ON A UN HAMBURGER AU BŒUF POUR TOI.
TU N'AIMES PAS LE BŒUF NON PLUS ?
BEN LÀ... EUH... CHANGE DE RECETTE ?

ON PEUT LES GARNIR AVEC

BŒUF...
TRANCHES DE FROMAGE
(SUISSE / CHEDDAR / MOZZARELLA)
- MAYONNAISE -
RELISH
MOUTARDE
KETCHUP
TOMATE
LAITUE ICEBERG

Burgers › p.174

SAUMON
TRANCHES DE CONCOMBRE
LAITUE FRISÉE
MAYO ou SAUCE TARTARE
ET MÊME ⟶ AVOCAT

POULET
CAROTTES
SAUCE AIGRE-DOUCE
ou SAUCE BARBECUE
CORIANDRE

Burger de bœuf

préparation 25 minutes / **cuisson** 10 minutes / **portions** 4

454 g	(1 lb) de bœuf haché maigre
30 ml	(2 c. à soupe) d'huile d'olive
4	tranches de fromage suisse ou orange
4	pains à hamburger
	Sel et poivre
	Garnitures au goût : mayonnaise, ketchup, relish, moutarde, tomates et laitue

1 Avec les mains, façonner la viande en quatre galettes, d'une épaisseur d'environ 1 à 1,5 cm (½ po), ou d'un diamètre d'environ 12 cm (4 ¾ po). Saler et poivrer.

2 Dans une grande poêle antiadhésive à feu moyen, cuire les galettes dans l'huile de 4 à 5 minutes de chaque côté ou jusqu'à ce qu'elles soient bien cuites. Placer une tranche de fromage sur chaque galette et poursuivre la cuisson jusqu'à ce qu'il commence à fondre. Réserver les galettes sur une assiette au chaud.

3 Dans la même poêle nettoyée, griller les pains.

4 Déposer les galettes sur un pain. Répartir les garnitures au choix (p. 172 et p. 173) et refermer les pains.

Burger de poulet

préparation 25 minutes / **cuisson** 10 minutes / **portions** 4

8	hauts de cuisses de poulet, désossés et sans la peau
90 ml	(6 c. à soupe) de sauce aigre-douce (recette p. 185) ou de sauce barbecue du commerce
2	carottes, pelées
60 ml	(¼ tasse) de feuilles de coriandre fraîche
45 ml	(3 c. à soupe) d'huile d'olive
15 ml	(1 c. à soupe) de jus de citron
4	pains à hamburger
	Sel et poivre

1 Dans un bol, mélanger le poulet avec 30 ml (2 c. à soupe) de la sauce choisie. Saler et poivrer. Laisser macérer 10 minutes.

2 Couper les carottes en fine julienne et déposer dans un bol. Ajouter les feuilles de coriandre, 15 ml (1 c. à soupe) de l'huile et le jus de citron. Saler, poivrer et bien mélanger. Réserver.

3 Dans une grande poêle antiadhésive à feu moyen-élevé, cuire le poulet dans le reste de l'huile (30 ml/2 c. à soupe) environ 5 minutes de chaque côté ou jusqu'à qu'il soit cuit et bien doré.

4 Dans la même poêle nettoyée, griller les pains.

5 Tartiner les pains avec un peu de la sauce choisie. Déposer le poulet et répartir la garniture de carottes sur un pain. Refermer les pains.

MACÉRER

Lorsqu'on parle de macérer une viande ou un légume, ça veut dire le laisser s'imbiber d'une marinade ou d'une vinaigrette.

DRÔLE DE NOM POUR UN SANDWICH

Le hamburger porte ce nom parce que c'est à Hambourg, en Allemagne, qu'il a été imaginé pour la première fois. Comptons-nous chanceux qu'il n'ait pas été inventé à Dippoldiswalde (c'est une autre ville d'Allemagne).

Burger de saumon

préparation 25 minutes / **cuisson** 6 minutes / **portions** 4

454 g	(1 lb) de filet de saumon sans la peau, coupé en 4 pavés (note ci-dessous)
15 ml	(1 c. à soupe) de jus de citron
15 ml	(1 c. à soupe) de moutarde à l'ancienne
30 ml	(2 c. à soupe) d'huile d'olive
4	pains à hamburger
1	recette de sauce tartare (recette ci-contre) ou de mayonnaise
4	feuilles de laitue Boston ou frisée
2	concombres libanais non pelés, tranchés finement
	Sel et poivre

1 Sur une assiette, déposer les pavés de saumon. Les arroser de jus de citron et les badigeonner de moutarde. Saler et poivrer.

2 Dans une grande poêle antiadhésive à feu moyen-élevé, dorer le saumon dans l'huile environ 6 minutes, en le retournant à mi-cuisson, ou jusqu'à ce qu'il soit cuit. Éponger sur du papier absorbant au besoin.

3 Dans la même poêle nettoyée, griller les pains.

4 Tartiner les pains de sauce tartare ou de mayo. Déposer les feuilles de laitue, ajouter le saumon et répartir les concombres sur un pain. Refermer les pains.

- -

SOIS PRÉVOYANT !

Au moment de couper le saumon en pavés (gros morceaux), assure-toi que ceux-ci n'ont pas d'arêtes et qu'ils sont de la même grosseur que le pain.

Sauce tartare

préparation 5 minutes / **rendement** environ 150 ml (⅔ tasse)

125 ml	(½ tasse) de mayonnaise
15 ml	(1 c. à soupe) de jus de citron
15 ml	(1 c. à soupe) de moutarde à l'ancienne
15 ml	(1 c. à soupe) de relish
15 ml	(1 c. à soupe) de cornichons sucrés hachés finement

1 Dans un bol, mélanger tous les ingrédients. Conserver la sauce au réfrigérateur jusqu'au moment de servir.

2 Parfaite pour accompagner le burger de saumon ou des filets de poisson.

PAS N'IMPORTE QUELLE PATATE

Pour faire de bonnes frites légères et croustillantes, rien ne bat la variété de pommes de terre Russet. Elle a d'ailleurs un surnom : Idaho. Recherche un des deux noms sur le sac de patates.

Frites pas frites

ACCOMPAGNEMENT PARFAIT POUR ABSOLUMENT TOUT
CE QUI SE MANGE (OUI, TOUT), LES FRITES SONT UN
INCONTOURNABLE POUR TOUT RESTO QUI SE RESPECTE.
SURTOUT POUR CELUI DANS TA CUISINE !

préparation 10 minutes / **cuisson** 45 à 50 minutes / **portions** 4

4	grosses pommes de terre Russet non pelées, coupées en 8 ou 12 quartiers
30 ml	(2 c. à soupe) d'huile d'olive
	Sel

1 Placer la grille au centre du four. Préchauffer le four à 220 °C (425 °F). Tapisser une plaque de cuisson de papier parchemin.

2 Sur la plaque de cuisson, mélanger les pommes de terre avec l'huile. Saler. Cuire au four environ 40 minutes ou jusqu'à ce que les pommes de terre soient dorées. Retourner les frites et poursuivre la cuisson de 5 à 10 minutes ou jusqu'à ce qu'elles soient croustillantes.

P'TIT TRUC DE PRO

Pour que toutes tes frites soient succulentes et que tu ne te casses pas une dent sur une petite frite séchée qui ne goûte rien, coupe des morceaux de la même grosseur.

PARCE QU'IL N'Y A PAS QUE LE KETCHUP DANS LA VIE

As-tu déjà essayé de manger tes frites avec de la mayonnaise ? En Europe, c'est plus répandu que le ketchup. Te sens-tu européen ? Veux-tu essayer de faire de la mayonnaise ? Rends-toi à la p. 182.

Plus haut que l'Everest

Club sandwich › p. 181

LE **CLUB SANDWICH** PARFAIT

SAVAIS-TU QU'IL Y A UN ORDRE POUR FAIRE UN BON CLUB SANDWICH ? VOICI COMMENT. BON, D'ACCORD, IL EST MOINS HAUT QUE LE CLUB SANDWICH DE LA PAGE PRÉCÉDENTE, MAIS TU N'AURAS BESOIN QUE DE QUATRE PETITS CURE-DENTS POUR LE FAIRE TENIR.

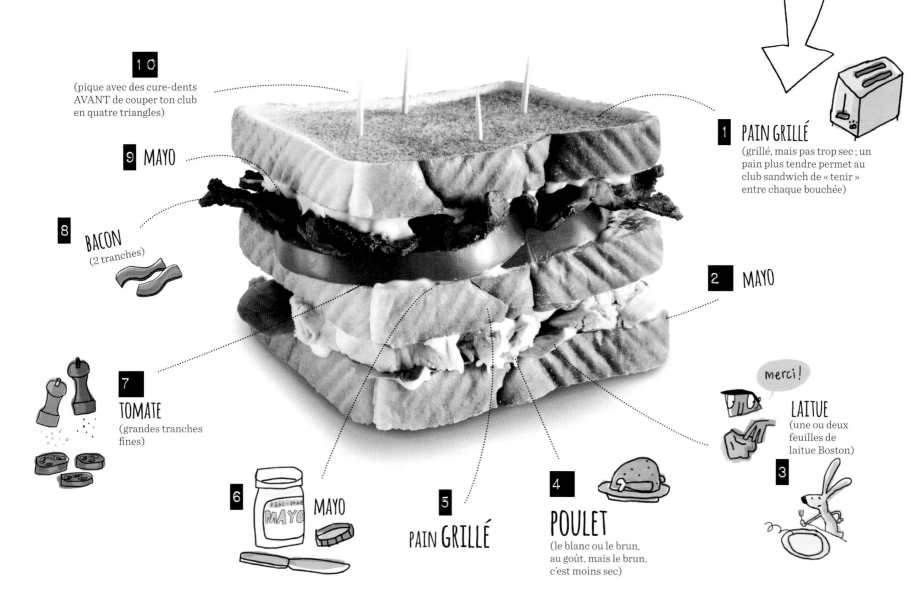

10 (pique avec des cure-dents AVANT de couper ton club en quatre triangles)

9 MAYO

8 BACON (2 tranches)

7 TOMATE (grandes tranches fines)

6 MAYO

5 PAIN GRILLÉ

4 POULET (le blanc ou le brun, au goût, mais le brun, c'est moins sec)

3

2 MAYO

LAITUE (une ou deux feuilles de laitue Boston)

merci !

1 PAIN GRILLÉ (grillé, mais pas trop sec ; un pain plus tendre permet au club sandwich de « tenir » entre chaque bouchée)

Club sandwich

préparation 20 minutes / **cuisson** 15 minutes / **portions** 4

8	tranches de bacon
12	tranches de pain, grillées
75 ml	(⅓ tasse) de mayonnaise
8	feuilles de laitue Boston
500 ml	(2 tasses) de poulet cuit effiloché (note p. 97)
1	grosse tomate, coupée en 8 fines tranches
	Sel et poivre

1 Placer la grille au centre du four. Préchauffer le four à 200 °C (400 °F). Tapisser une plaque de cuisson de papier parchemin.

2 Étaler les tranches de bacon sur la plaque. Cuire au four environ 10 minutes ou jusqu'à ce qu'il soit croustillant. Égoutter sur du papier absorbant. Réserver.

3 Pour chaque sandwich, tartiner 1 tranche de pain de mayonnaise. Garnir de deux feuilles de laitue et de 125 ml (½ tasse) de poulet. Couvrir d'une tranche de pain. Tartiner de mayonnaise. Garnir de deux tranches de tomate. Saler et poivrer. Garnir de deux tranches de bacon. Couvrir d'une autre tranche de pain tartinée de mayonnaise et y insérer quatre cure-dents. Couper en quatre triangles.

ENCORE PLUS D'IDÉES
DE GARNITURES
POUR TON CLUB
> **avocat**
> **jambon**
> **dinde**
> **laitue romaine**
  ou autre, au goût
> **poulet croustillant**
> **fromage**
> **concombre**
> **hummus**

Mayonnaise

SAVAIS-TU QUE TU PEUX PRÉPARER TOI-MÊME LA MAYONNAISE QU'ON ACHÈTE À L'ÉPICERIE ? TU POURRAS DIRE À TOUT LE MONDE QUE C'EST TOI QUI L'AS FAITE.

préparation 10 minutes / **rendement** 250 ml (1 tasse)

1	jaune d'œuf
15 ml	(1 c. à soupe) de jus de citron
10 ml	(2 c. à thé) de moutarde de Dijon
1 ml	(¼ c. à thé) de sel
250 ml	(1 tasse) d'huile de canola
	Poivre

1 Dans un bol, mélanger le jaune d'œuf, le jus de citron, la moutarde et le sel au fouet.

2 Ajouter environ le premier tiers de l'huile lentement, goutte à goutte, en fouettant continuellement.

3 Lorsque la mayonnaise commence à prendre, ajouter le reste de l'huile en mince filet en fouettant continuellement. Poivrer.

4 Verser la mayonnaise dans un contenant hermétique. Elle se conservera environ 5 jours au réfrigérateur.

Salade de chou crémeuse

POUR TE SENTIR COMME AU RESTO, IL TE FAUT UN PETIT BOL DE SALADE DE CHOU À CÔTÉ DE TON ASSIETTE, QUE TU MANGES AVANT MÊME QUE LE PLAT PRINCIPAL SOIT ARRIVÉ. ET QUE TU REMPLIS DE NOUVEAU. CINQ FOIS. ET CINQ AUTRES FOIS.

préparation 20 minutes / **portions** 4 à 6

90 ml	(6 c. à soupe) de mayonnaise
15 ml	(1 c. à soupe) de jus de citron
5 ml	(1 c. à thé) de moutarde de Dijon
1 ml	(¼ c. à thé) de sucre
1 ml	(¼ c. à thé) de sel d'oignon
1 litre	(4 tasses) de chou vert émincé
1	carotte, pelée et râpée
1	branche de céleri, hachée finement
	Sel et poivre

1 Dans un grand bol, mélanger la mayonnaise, le jus de citron, la moutarde, le sucre et le sel d'oignon. Ajouter les légumes et bien mélanger. Saler et poivrer.

CRÉMEUSE OU TRADITIONNELLE ?

C'est une question qu'on entend
parfois au resto, mais il n'y a pas de
bonne réponse. Certains préfèrent la
crémeuse, faite avec de la mayonnaise,
et d'autres la traditionnelle, sans mayo
et plus vinaigrée.

sauce express

Sauce abricot et moutarde

Dans un petit bol, au four à micro-ondes, fondre 30 ml (2 c. à soupe) de confiture d'abricots. Laisser tiédir. Ajouter 125 ml (½ tasse) de mayonnaise et 30 ml (2 c. à soupe) de moutarde à l'ancienne. Réfrigérer jusqu'au moment de servir.

PANKO !

Oui, on le sait, on dirait le nom d'un jeu télévisé. Mais il n'en est rien. La chapelure panko, d'origine japonaise, est faite de pain râpé et séché, et est vendue en boîte à l'épicerie. Elle donne une texture floconneuse et croustillante, parfaite pour les meilleurs filets de poulet ou de poisson au monde.

Filets de poulet croustillants

TU PEUX FAIRE LA MÊME RECETTE EN REMPLAÇANT LE POULET PAR DES FILETS DE POISSON BLANC (SOLE, TILAPIA...) SANS LES MARINER DANS LE LAIT DE BEURRE.

- -

préparation 25 minutes / **macération** 4 à 12 heures
cuisson 12 minutes / **portions** 4 à 6 / **se congèlent**

POULET

675 g	(1 ½ lb) de demi-poitrines de poulet, désossées et sans la peau, coupées en lanières d'environ ½ cm (¼ po) d'épaisseur
250 ml	(1 tasse) de lait de beurre

PANURE

750 ml	(3 tasses) de chapelure panko
15 ml	(1 c. à soupe) d'assaisonnement au chili
2,5 ml	(½ c. à thé) de poudre d'ail
45 ml	(3 c. à soupe) d'huile d'olive ou de canola
	Sel et poivre

POULET

1 Dans un bol, mélanger le poulet avec le lait de beurre. Réfrigérer environ 4 heures ou toute une nuit.

PANURE

2 Dans une assiette creuse, mélanger la chapelure, l'assaisonnement au chili et la poudre d'ail. Saler et poivrer généreusement.

3 Égoutter les lanières de poulet et les presser dans le mélange de chapelure pour bien les enrober.

4 Dans une poêle antiadhésive à feu moyen, dorer les lanières de poulet dans l'huile environ 5 minutes de chaque côté ou jusqu'à ce que le poulet soit cuit. Servir avec la sauce abricot et moutarde (recette p.184), la sauce aigre-douce (recette ci-contre) ou avec du miel.

Sauce aigre-douce

DES FOIS, CE SONT LES RECETTES LES PLUS SIMPLES QUI FONT TOUTE LA DIFFÉRENCE ET QUI PERMETTENT DE VRAIMENT SE SENTIR COMME AU RESTO. ET CELLE-CI EST VRAIMENT SUUUUUUUUUUUUPER BONNE.

- -

préparation 5 minutes / **cuisson** 5 minutes
rendement 180 ml (¾ tasse)

75 ml	(⅓ tasse) de jus d'orange
60 ml	(¼ tasse) de sucre
60 ml	(¼ tasse) de vinaigre blanc
30 ml	(2 c. à soupe) de ketchup
15 ml	(1 c. à soupe) d'eau
10 ml	(2 c. à thé) de fécule de maïs

1 Dans une casserole, porter à ébullition tous les ingrédients. Laisser mijoter 1 minute en remuant constamment jusqu'à ce que le mélange épaississe.

2 Laisser tiédir. Couvrir et réfrigérer jusqu'au moment de servir.

3 Servir avec les filets de poulet croustillants (recette ci-contre) ou le burger de poulet (recette p.174).

····→ avec des Filets de Poisson
→ avec des Frites
·····→ DANS UN Hamburger de poulet

UN PAYS
UN PIMENT
UN PLAT
une poudre

Chili au bœuf

TOUT COMME LE PÂTÉ CHINOIS N'EST PAS CHINOIS, LE CHILI À LA VIANDE N'EST PAS DU TOUT UN METS CHILIEN. C'EST UN PLAT TYPIQUEMENT AMÉRICAIN, QUI TIENT SON NOM D'UN PIMENT APPELÉ « CHILI ». (C'ÉTAIT LA MINUTE ÉDUCATIVE DE CE LIVRE DE RECETTES.)

préparation 30 minutes / **cuisson** 20 minutes / **portions** 4

225 g	(½ lb) de bœuf haché
1	oignon, haché
30 ml	(2 c. à soupe) d'huile de canola
3	gousses d'ail, hachées
15 ml	(1 c. à soupe) d'assaisonnement au chili
250 ml	(1 tasse) de haricots rouges en boîte, rincés et égouttés
180 ml	(¾ tasse) de salsa douce ou piquante du commerce
30 ml	(2 c. à soupe) de ketchup
	Sel et poivre

1 Dans une casserole à feu élevé, dorer la viande (lire la technique « Comment cuire du bœuf haché » p.127) et l'oignon dans l'huile. Ajouter l'ail et l'assaisonnement au chili. Bien enrober la viande. Saler et poivrer. Ajouter les haricots, la salsa et le ketchup. Porter à ébullition. Couvrir et laisser mijoter environ 5 minutes. Rectifier l'assaisonnement.

2 Servir sur du riz, des pâtes, des hot-dogs ou des frites avec du fromage (comme une poutine).

DE LA POUDRE, MAINTENANT…

L'assaisonnement au chili qu'on utilise en cuisine est un mélange de différentes épices en poudre (piment, paprika, ail, cumin, origan, girofle, entre autres), que tu peux acheter déjà tout prêt. En résumé, donc : le chili ne vient pas du Chili, il tient son nom d'un piment nommé chili, mais l'assaisonnement au chili contient autre chose que du chili. C'est suuuper évident.

ON PEUT LE MANGER AUSSI

→ Sur du RIZ

- AVEC DES MACARONIS AU FROMAGE
- SUR DES FRITES = POUTINE
- DANS UN HOT-DOG ⟶ CHILI DOG

- SUR DES PÂTES
- DANS DES PAINS À HAMBURGER

SLOPPY JOE

- SUR DES NACHOS
- DANS DES POIVRONS FARCIS
- DANS DES POMMES DE TERRE CUITES AU FOUR

MIJOTER

Ça signifie faire
cuire lentement,
à feu moyen-doux,
juste à la limite de
l'ébullition (sur le
point de bouillir).

LE
LEXIQUE

DES MOTS DE CUISINE ET LEUR DÉFINITION, PARCE QUE C'EST TOUJOURS MIEUX DE SAVOIR DE QUOI ON PARLE.

A **Absorber**
Lorsqu'un solide est complètement imbibé

Al dente
Légèrement ferme sous la dent (ou les dents, si tu en as plus d'une)

Assaisonner
Ajouter des saveurs, souvent du sel ou des épices

B **Badigeonner**
Étendre quelque chose avec un pinceau (mais pas de la peinture)

Bouillir (ou porter à ébullition)
Chauffer jusqu'à ce que le liquide forme de grosses bulles à la surface

Brasser vigoureusement
Avec beaucoup de force, style Hulk en colère

C **Chemiser**
Couvrir un moule d'un papier parchemin ou d'une caissette de papier

Ciseler
Couper en fines lanières

Concasser
Hacher en morceaux inégaux

Contenance
La capacité d'un moule ou d'un plat de cuisson (pour confirmer, mesurer en tasses avec de l'eau)

Crémer
Mélanger pour rendre lisse et crémeux

Crumble
Mélange qui s'émiette (prononcer « crommebeule », ou « krombeul »)

D **Délayer**
Mélanger un solide (souvent de la fécule de maïs) dans un liquide

Démouler
Retirer du moule

Dénoyauter
Enlever le noyau d'un fruit

Désosser
Retirer les os d'une viande ou d'une volaille (mais pas d'un fruit)

Disque
Boule de pâte légèrement écrasée

Dissoudre
Faire fondre les cristaux jusqu'à ce qu'il n'y en ait plus (comme pour le sucre ou la gélatine)

Dorer
Cuire jusqu'à ce que ce soit brun

E **Eau de cuisson**
Eau dans laquelle l'aliment a cuit

Écraser
Presser très fort, style Thor pas content

Effilocher
Défaire de la viande ou des bâtons de fromage en filaments

Égoutter
Séparer le solide du liquide dans une passoire ou un tamis

Émietter
Casser en miettes, avec les doigts ou avec le dos d'une fourchette

Émincer
Couper en fines tranches

Épépiner
Retirer les pépins

Étaler
Étendre

F Façonner
Former en quelque chose (galette ou autre)
selon l'indication

Feu doux
1 à 3

Feu moyen
4 à 6

Feu moyen-élevé
7 à 10

Feu infernal
Appelle les pompiers

Figer
Refroidir ou cuire jusqu'à ce que ça ne bouge plus (solide)

Frémir
Lorsqu'un liquide est chauffé presque jusqu'à l'ébullition

G Graduellement
Un peu à la fois

Gratiner
Cuire au four sous le gril pour colorer le dessus

Gril (*broil*)
Élément chauffant dans le haut du four

Grumeleux
Avec des grumeaux

H Hermétique
Une fois fermé, qui ne coule pas

Homogène
Sans grumeaux

Humecter
Mouiller légèrement

I Imbiber
Rendre un solide mouillé

Incorporer
Ajouter et mélanger

J Julienne
Coupé en fins bâtonnets

M Marguerite
Outil de cuisine perforé de petits trous qui s'ouvre
comme une fleur pour cuire à la vapeur

Mariner
Tremper dans un liquide pour donner de la saveur

Mijoter
Cuire lentement, à feu moyen-doux

Mûr
Qui est prêt à être mangé

P

Papier parchemin

Papier antiadhésif — enduit de silicone — qui résiste à la chaleur du four et qui empêche les aliments de coller

Parsemer

Saupoudrer, mais pour de gros morceaux

Pellicule de plastique

Comme le Saran Wrap©

Pincée

Ce qui reste entre le pouce et l'index

Pocher

Cuire dans un liquide chaud, doucement

Porter à ébullition

Quand le liquide forme de gros bouillons (bulles) à la surface

Préchauffer le four

« Allumer » le four jusqu'à ce qu'il atteigne le degré de cuisson demandé. Calculer en moyenne 15 minutes

Prélever

Retirer

R

Ramolli

Qui est mou (comme ton cousin devant la télé)

Rectifier l'assaisonnement

Goûter et ajouter du sel et du poivre au besoin

Réduire

Faire chauffer un liquide pour qu'il diminue par évaporation

Remuer

Brasser doucement

Rendement

Quantité obtenue de la recette

Répartir

Déposer de façon régulière

Reposer

Attendre

Réserver

Mettre de côté

S

Sacs de plastique à fermeture hermétique

Comme les Ziploc©

Saupoudrer

Laisser tomber en fine poudre ou en fins morceaux

Surgelé

Congelé

T

Tamiser

Passer dans un tamis pour enlever les petits morceaux

Tapis

Feuille en silicone antiadhésive pour remplacer le papier parchemin

Tempéré

À la température de la pièce

Translucide

Au travers duquel on peut presque voir (qui laisse passer la lumière, donc)

Transvider

Faire passer d'un contenant à un autre

U

Uniforme

Tout pareil

V

Verser en un filet

Verser lentement

Z

Zeste

Écorce extérieure des agrumes (orange, citron...)

L'INDEX

BOISSONS

ENTRÉES ET AMUSE-GUEULES

SOUPES ET POTAGES

LÉGUMES ET SALADES

SAUCES / TREMPETTES

PETIT-DÉJEUNER

PLATS PRINCIPAUX

BŒUF

ŒUFS

PÂTES / PIZZA

PORC

POISSON

SANDWICH / BURGER

VOLAILLE

Même si ça fait des années que Ricardo crée des recettes, avant la sortie du livre, il tenait absolument à avoir l'approbation de son (jeune) public. Il a donc fait lire (et même tester!) quelques recettes à un jury bien spécial, composé de jeunes. Merci à Simone, à sa fille Jeanne, à son filleul Jérôme, ainsi qu'à Owen, Loïk, Léonie, Romane, Zoë, Charlotte, Nathan et Margot.